아가서 묵상

나의 사랑, 나의 어여쁜 자야
일어나 함께 가자

아가서 묵상

나의 사랑,
나의 어여쁜 자야
일어나
함께 가자

최혜숙 지음

Arise,
my darling,
my beautiful one,
come with me

שִׁיר הַשִּׁירִים

코람데오

강한 신앙의 영성을 일깨우는 묵상집

귀한 묵상집 저술하신 것 축하 드립니다.
읽으면서 은혜 많이 받았습니다.

고대 및 중세 교부들이 수도하면서 아가서를 묵상했고,
많은 강해서를 남겼습니다.

독자들이 읽기에 편하도록 간결하게 해설하시고
각 항목이 두 페이지에 들어가도록 편집을 하셨네요.

최 목사님 것은 현대판 강해서입니다.
그리스도를 향한 강한 신앙의 영성을 일깨운 묵상집입니다.

독자들이 아가서를 이해하기 쉽게 읽게 되는 것은
귀한 결실입니다.
한국교회를 위한 여성신학의 공헌으로도 생각됩니다.

김영한 박사
(기독교학술원장, 숭실대학교 명예교수)

누구와도 함께 나누고 싶은 하나님 사랑의 메시지

저자는 시인이기 때문에 아가서를 시로 이해하고 성경의 시가서에 대한 이해를 돋우기 위해서 이 책을 저술 했나 보다는 선입관을 가지고 원고를 접했다. 그런데 본서는 단순히 은유적인 표현을 문학적으로만 풀어가지 않았다는 것을 발견하게 되었다.

책 앞부분을 읽으며 아, 아가서에 대한 간편한 주석이구나 했는데, 어느새 한 편의 영적 묵상집이 되어 있었고, 또한 한편의 짧은 설교로 다가와 주었다.

본서를 읽다 보면 왜 아가서가 정경의 가치가 충분히 있는 책인지 복음적으로 쉽고도 명료하게 설명해준다. 성경 66권에서 예수 그리스도의 사랑과 구원의 복음과 연관 없는 책은 하나도 없다는 사실을 다시 한 번 확신하게 만들어 준다.

나아가 아가서의 독특한 표현들로 인해 때로는 함께 읽기가 어색하게 여겼던 그리스도인들도 이 책을 읽고 나면 자신 있게 아가서에서 구구절절이 흘러나오는 하나님의 사랑의 메시지를 누구에게나 함께 나누고 싶을 것이다. 성경을 이렇게 쉽게도 해석할 수 있구나 하는 확신이 드는 양서다. 한 번 읽어보기를 강력히 추천하고 싶다.

유병국 선교사
(WEC 초대 대표, WEC 동원본부 본부장)

주님과 함께 걷는 오솔길

아가서는 우리와 하나님과의 관계를 주인과 종의 관계나 아버지와 자녀의 관계를 넘어, 신랑과 신부의 관계에 빗대어 설명하는 책이다. 아가서 속의 왕과 술람미 여인의 사랑 이야기는 그녀가 왕의 사랑을 받는 존재가 되었다는 외적 신분 변화보다, 그것을 시작으로 깊어지는 하나님과의 관계와 사랑을 통한 내적 변화임을 알려준다.

또 신랑이신 왕이 정말 원하는 것은 왕을 위한 일들이 아니라, 왕 한 분에 대한 만족과 사랑임을 깨닫게 해준다. 이 짧은 이야기보다 신앙의 본질과 하나님의 원하시는 뜻을 선명하게 알려주는 책은 드물 것이다.

아가서의 각 구절구절들은 술람미 여인이 왕과 함께 단 둘이서 걸었던 오솔길들이다. 그 길을 통해 그녀는 사랑의 아름다운 숲 속으로 들어갔다. 저자는 그 구절들의 오솔길을 깊은 묵상을 통해 자신도 한 사람의 술람미 여인이 되어 주님과 함께 걷는다. 그리고 그 체험을 일기처럼 기록하고 있다.

이 책을 읽다 보면 우리도 아가서의 오솔길을 따라 주님과 함께 걷고 싶다는 열망이 솟아난다. 일과 활동에 시선을 빼앗겼던 우리들이 주님의 얼굴을 향해야 하겠다는 마음이 생긴다. 그리고 주님을 높이고 영화롭게 하려면, 먼저 주님 자신을 즐거워함이 있는지를 물어야 한다고 가르친다.

신앙의 본질과 주님과의 관계를 다시 생각하게 하는 좋은 책이다.

정현구 목사
(서울영동교회 담임, 시니어선교한국 이사장)

차 례

머리글

아가서는 단순한 남녀의 사랑시(詩)가 아니다. 아가서는 하나님과 이스라엘의 사랑을 솔로몬 왕과 시골처녀 술람미 여인의 사랑이야기로 전개해 나가는 아름다운 사랑의 노래다. 신약적으로는 예수 그리스도와 그의 신부인 교회, 혹은 성도의 사랑을 노래하고 있다. '아가'(雅歌)란 '노래 중의 노래'(שִׁיר הַשִּׁירִים)라는 뜻으로, 세상에 많은 노래들이 있고 성경에도 많은 찬미의 시들과 노래들이 있지만, 그 어떤 노래보다 가장 아름다운 노래라는 뜻이다.

아가서는 그리스도의 재림으로 성취될 대 종말의 혼인예식(The Great Eschatological Marriage)을 지향한다(요한계시록 19:7,8). 이스라엘의 결혼 문화는 정혼과 결혼예식의 두 단계를 가진다. 교회(성도)는 약속하신 신랑 예수 그리스도를 기다리는 정혼한 여인과도 같다. 그들은 이 땅에서는 성령으로 오신 주님과 깊은 교제를 나누며, 주께서 재림하실 때 천상의 혼인잔치에 들어갈 순결한 신부로 준비된다.

"가서 너희를 위하여 거처를 예비하면 내가 다시 와서 너희를 내게로 영접하여 나 있는 곳에 너희도 있게 하리라"(요한복음 14:3).

바울은 "내가 너희를 정결한 처녀로 한 남편인 그리스도께 드리려고 중매함이로다"(고린도후서 11:2)라고 했다. 그리스도의 청혼을 받아들인 신자들은 이런 의미에서 이미 그리스도의 신부이다(에베소서 5:28-32). 그리스도를 깊이 만나 그와의 진실한 약속을 가진 성도는 이 세상의 어떤 것도 더 이상 최고의 가치로 취하지 않는다. 오직 그리스도 한 분만이 그의 유일한 가치로 고백한다.

아가서는 시(詩)로 이해해야 한다. 많은 상징과 비유로 표현되어 있기 때문에 그 속의 본래의 의미를 발견하는 것이 중요하다. 시(詩) 속에는 주인공이 있고, 그들의 이야기들이 담겨있다. 그러나 그 이야기들을 소설처럼 엮어갈 필요는 없다. 사실을 말하려는 것보다 단어와 문장 가운데서 주인공이 무엇을 느끼고 생각하며 어떤 것을 표현하고자 하는가 그 의미를 발견하는 것이 더 중요하다.

시는 어느 정도의 주관적인 해석을 허용한다. 그러나 성경적 가치 안에서 허용된다. 모든 성경이 그러하듯이 아가서도 성령의 감동으로 쓴 한 편의 성시(聖詩)이므로 읽는 자들 역시 성령의 감동과 도우심을 구해야 한다. 그럴 때, 이 시는 나에게도 들려지고 고백되는 아름다운 주님과의 사랑의 노래가 될 것이기 때문이다.

성경은 NIV(New International Version 2011)와 한글개역개정판(2005/4판)으로 구성된 영한스터디성경(생명의말씀사)을 사용했다.

Arise, my darling,

my beautiful one, come with me

1장

1 솔로몬의 아가라.

2 내게 입맞추기를 원하니 네 사랑이 포도주보다 나음이로구나.

3 네 기름이 향기로워 아름답고 네 이름이 쏟은 향기름 같으므로 처녀들이 너를 사랑하는구나.

4 왕이 나를 그의 방으로 이끌어 들이시니 너는 나를 인도하라. 우리가 너를 따라 달려 가리라. 우리가 너로 말미암아 기뻐하며 즐거워하니 네 사랑이 포도주보다 더 진함이라. 처녀들이 너를 사랑함이 마땅하니라.

5 예루살렘 딸들아 내가 비록 검으나 아름다우니 게달의 장막 같을지라도 솔로몬의 휘장과도 같구나.

6 내가 햇볕에 쬐어서 거무스름 할지라도 흘겨보지 말 것은 내 어머니의 아들들이 나에게 노하여 포도원지기로 삼았음이라. 나의 포도원을 내가 지키지 못하였구나.

7 내 마음으로 사랑하는 자야 네가 양 치는 곳과 정오에 쉬게 하는 곳을 내게 말하라. 내가 네 친구의 양 떼 곁에서 어찌 얼굴을 가린 자 같이 되랴.

8 여인 중에 어여쁜 자야 네가 알지 못하겠거든 양 떼의 발자취를 따라 목자들의 장막 곁에서 너희 염소 새끼를 먹일지니라.

9 내 사랑아 내가 너를 바로의 병거의 준마에 비하였구나.

10 네 두 뺨은 땋은 머리털로, 네 목은 구슬 꿰미로 아름답구나.

11 우리가 너를 위하여 금 사슬에 은을 박아 만들리라.

12 왕이 침상에 앉았을 때에 나의 나도 기름이 향기를 뿜어냈구나.

13 나의 사랑하는 자는 내 품 가운데 몰약 향주머니요

14 나의 사랑하는 자는 내게 엔게디 포도원의 고벨화 송이로구나.

15 내 사랑아 너는 어여쁘고 어여쁘다. 네 눈이 비둘기 같구나.

16 나의 사랑하는 자야 너는 어여쁘고 화창하다. 우리의 침상은 푸르고

17 우리 집은 백향목 들보, 잣나무 서까래로구나.

사랑의 노래

1:1 "솔로몬의 아가라"

Solomon's Song of Songs

원제목은 '솔로몬의 아가(שִׁיר הַשִּׁירִים אֲשֶׁר לִשְׁלֹמֹה)'이다. 솔로몬은 물론 다윗의 아들 솔로몬 왕을 말한다. '아가(雅歌)'라는 말은 '노래 중의 노래(Song of Songs)'란 의미를 가지며, 가장 아름다운 노래, 가장 고상한 노래라는 뜻이다.

저자인 솔로몬은 히브리어로 '샬롬' 즉 '평강'이란 뜻이다. 이는 평강의 왕이신 예수 그리스도의 예표적 이름이다. 또한 샬롬은 '완전하다' '건전하다' '흠이 없다'라는 뜻도 있다.

이 노래야말로 흠 없고 완전한 사랑의 노래이다. 세상의 많고 많은 사랑 노래가 있으나, 이 노래는 하나님과 그의 백성 이스라엘,

그리고 예수 그리스도와 그의 교회(성도)와의 사랑을 노래한다.

솔로몬은 예수 그리스도의 예표적 인물이며, 술람미는 그의 짝인 교회(성도)를 상징한다. '술람미(שׁוּלַמִּית)라는 뜻도 '솔로몬'과 같이 '샬롬'에서 파생된 말로서 이름 역시 한 짝을 이룬다.[1]

여기서 우리는 '사랑'과 '샬롬'은 매우 긴밀하고 깊은 연관성을 가지고 있음을 짐작할 수 있다. 참된 사랑은 언제나 평안과 기쁨을 동반하기 때문이다. 특히 아가서는 이스라엘 민족이 출애굽을 기억하며 유월절의 8일 동안 낭독한 책이라고 한다. 우리 신약 성도들에게 있어서는 유월절 어린양이 되신 예수 그리스도의 죽으심을 통해 나타난 하나님의 사랑이야말로 우리에게 주신 평안을 누리기에 충분한 은혜임을 고백하지 않을 수 없다.

"사랑은 오래 참고 사랑은 온유하며 시기하지 아니하며 사랑은 자랑하지 아니하며 교만하지 아니하며 무례히 행하지 아니하며 자기의 유익을 구하지 아니하며 성내지 아니하며 악한 것을 생각하지 아니하며 불의를 기뻐하지 아니하며 진리와 함께 기뻐하고 모든 것을 참으며 모든 것을 믿으며 모든 것을 바라며 모든 것을 견디느니라"(고린도전서 13:4-7)

---

1 술람미는 수넴 여자라는 뜻으로 솔로몬이란 의미와 같은 '평화의 사람'이란 의미를 담고 있다. 강신홍 아가서 강해(도서출판 엠마오) p. 186

사랑의 입맞춤

1:2 "내게 입맞추기를 원하니 네 사랑이 포도주보다 나음이로구나"(술람미)

Let him kiss me with the kisses of his mouth for your love is more delightful than wine.

　왕의 신분이었던 솔로몬은 수많은 처첩을 거느렸지만 보잘것없는 한 시골 처녀인 술람미를 진심으로 사랑했다(아가 6:8-9). 하늘 보좌를 버리시고 이 죄악 세상에 오신 예수 그리스도의 사랑을 여기서 찾아볼 수 있다.

　술람미 여인도 왕을 사랑했다. 술람미 여인은 세상이 주는 그 어떠한 것보다 사모하는 자가 사랑스럽게 입맞추어주기를 깊이 원하고 있다. 사랑의 입맞춤을 특히 포도주에 비유한 것은 '달콤함'과 '취함'으로 마음의 행복을 극대화한다는 의미가 담겨 있다.

　이것은 교회(성도)가 그의 왕이시며 구주이신 신랑 예수 그리스도를 자발적이며 마음 중심에서 우러나오는 사랑으로 화답하는 모습이다. 주님은 성도가 계율로 섬김보다 사랑으로 그 분을 섬기는 것을 기뻐하신다. 계율을 지킴도 그 동기가 사랑에서 비롯되어야 한다.

"아버지께서 나를 사랑하신 것같이 나도 너희를 사랑하였으니 나의 사랑 안에 거하라. 내가 아버지의 계명을 지켜 그의 사랑 안에 거하는 것같이 너희도 내 계명을 지키면 내 사랑 안에 거하리라. 내가 이것을 너희에게 이름은 내 기쁨이 너희 안에 있어 너희 기쁨을 충만하게 하려 함이라"(요한복음 15:9-11)

쏟은 향기름

1:3 "네 기름이 향기로워 아름답고 네 이름이 쏟은 향기름 같으므로 처녀들이 너를 사랑하는구나"(술람미)

Pleasing is the fragrance of your perfumes; your name is like perfume poured out. No wonder the young women love you!

술람미가 사랑하는 솔로몬은 기름부음 받은 왕이다. 시골 처녀인 그녀에게는 감히 가까이 다가갈 수도 없는 신분임을 고백하지 않을 수 없다. 그의 이름은 '샬롬' 즉 평강의 왕이라는 뜻으로 술람미에게 향기름 같이 아름다운 이름이다. 자신의 사랑하는 이의 이름을 향기름에 비유한 것은 매우 의미 있고, 우리에게 중요한 메시지를 주고 있다.

'기름'은 성령을 비유한다(요한일서 2:27). 우리 주 예수 그리스도의 기름 부음은 3가지 자격을 동시에 가지신다. 즉 그 분은 왕의 자격으로(요한계시록 19:16), 대제사장의 자격으로(히브리서 4:14), 선지자의 자격으로(신명기 18:15, 요한복음 6:14) 기름부음을 한량없이 받으셨다.

'이름'이란 단순한 칭호를 말하는 것이 아니라 그 분의 속성, 본질을 의미한다. 즉 '아름다운 이름'이라 함은 그의 속성과 본질의 아름다움을 표현한다. 예수 그리스도의 성품과 본질은 온 땅과 하늘에 퍼진 향기름 같이 아름답고 고귀하다.

그는 십자가에서 자신을 깨뜨리심으로써 그의 용서와 사랑은 향기름처럼 온 세상에 퍼져나갔다. 그러므로 그 분의 향기를 맡은 사람들, 그 분의 속성과 본질을 깨달은 자들은 그를 자신의 주와 그리스도로 영접하며, 마음 깊이 감사와 사랑을 드리게 된다.

"너희는 주께 받은 바 기름 부음이 너희 안에 거하나니 아무도 너희를 가르칠 필요가 없고 오직 그의 기름 부음이 모든 것을 너희에게 가르치며 또 참되고 거짓이 없으니 너희를 가르치신 그대로 주 안에 거하라"(요한일서 2:27)

영적 지성소로

1:4 "왕이 나를 그의 방으로 이끌어 들이시니 너는 나를 인도하라. 우리가 너를 따라 달려 가리라. 우리가 너로 말미암아 기뻐하며 즐거워하니 네 사랑이 포도주보다 더 진함이라 처녀들이 너를 사랑함이 마땅하니라"(술람미/친구들)

Take me away with you-let us hurry! Let the king bring me into his chambers. We rejoice and delight in you; we will praise your love more than wine.

'그의 방'은 침실(chamber)을 가리키는데 가장 사랑 받는 자만이 거기에 들어갈 수 있다. 이는 영적으로 주님과 만의 깊은 교제를 할 수 있는 자리를 비유한다.

우리를 그리스도께로 이끄실 수 있는 분은 오직 성령님 한 분 뿐이시다. 그리스도의 탁월성과 그 분의 사랑을 깨달은 사람은 그분께로 달려가기를 마음속 깊이 간구하게 된다. 성령께서는 그리스도의 은혜와 사랑을 마음에 부으시고, 지체함 없이 그에게로 달려

가도록 감화를 주시는 분이시다.

　우리는 우리 자신의 부족함과 연약함을 뼈저리게 깨닫게 됨으로 성령의 도우심과 공급하시는 힘을 기도하게 된다. 이런 간절한 마음이 있는 자들에게 성령께서는 결코 거절하지 않으시고, 지체하지 않으신다.

　주님의 사랑을 체험한 신자들은 세상이 주는 그 어떤 기쁨과 즐거움에도 비교할 수 없는 큰 기쁨과 행복을 맛보게 된다. 술람미의 이러한 새로운 기쁨과 행복은 주위 사람들에게도 선한 영향력을 주게 되며, 그리스도께서는 모든 사람들로부터 사랑과 경외함을 받으시기에 합당한 분임을 선포하게 된다

　"내가 여호와께 바라는 한 가지 일 그것을 구하리니 곧 내가 내 평생에 여호와의 집에 살면서 여호와의 아름다움을 바라보며 그의 성전에서 사모하는 그것이라"(시편 27:4)

게달의 장막 같을지라도

1:5 "예루살렘 딸들아 내가 비록 검으나 아름다우니 게달의 장막 같을지라도 솔로몬의 휘장과도 같구나"(술람미)

Dark am I, yet lovely, O daughters of Jerusalem, dark like the tents of Kedar, like the tent curtains of Solomon.

예루살렘 딸들은 누구인가? 예루살렘은 이스라엘 민족의 정치적, 종교적 중심 도시로 그곳 사람들은 자긍심이 매우 크다. 그들은 하나님과 누구보다 가까운 특별한 사람들이라 자부할 것이다. 그러나 그들은 왕의 신부가 아니며, 왕의 침실에 들어가지 못한 일반 왕궁의 여인들(시녀들)로 비유된다.

예루살렘의 딸들은 얼굴이 하얗고 피부가 고운 도시의 여인들이다. 그에 반해 시골처녀에 불과했던 술람미는 '게달의 장막'처럼² 검은 피부를 가졌다. 오빠들의 성화에 자신의 포도원도 돌보지 못한 채 오빠들의 포도원을 돌보느라 햇볕을 너무 많이 쬐었기 때문이다.

그는 오빠들의 사랑도 관심도 보호함도 받지 못했다. 이처럼 사람들의 눈에는 볼품없는 하찮은 존재였지만 그는 왕의 마음을 흔들 수 있는 영적 아름다움과 순수한 사랑을 지니고 있었다.

진실한 성도는 자기 자신을 하나님 앞에서 하찮은 존재로 여기며, 자신을 사랑하시는 주님의 은총 가운데서 다만 자신이 복된 존재임을 고백할 뿐이다. 술람미는 왕의 사랑을 받을 때 자기 자신이 햇볕에 검게 얼룩진 '게달의 장막'이 아니라 '솔로몬의 휘장'과 같이 아름다운 존재가 될 수 있음을 고백하고 있다.

"그러므로 우리가 낙심하지 아니하노니 우리의 겉 사람은 낡아지나 우리의 속 사람은 날로 새로워지도다"(고린도후서 4:16)

---

2 '게달'은 '거무스름하다'라는 뜻으로, 아브라함의 첩 하갈이 낳은 이스마엘의 둘째 아들로 시작된 족속이다(창25:13). 이들은 문명과 동떨어진 사막 북쪽에 있는 광야에서 살며, 검은 염소털로 만든 장막에서 생활했다고 전해진다. 도시인들이 보기에 이들은 야만인이고 미개인이었다. '볼품없고 미개인 같은 사람'을 일컫는 말이다'(CTS. 원스토리 55장, 아가서 하나님과의 연합, 홍요셉 편)

내 영혼이 지쳐있을 때

1:6 "내가 햇볕에 쬐어서 거무스름할지라도 흘겨보지 말 것은 내 어머니의 아들들이 나에게 노하여 포도원지기로 삼았음이라 나의 포도원을 내가 지키지 못하였구나"(술람미)

Do not stare at me because I am dark, because I am darkened by the sun. My mother's sons were angry with me and made me take care of the vineyards; my own vineyard I have neglected.

술람미 여인이 햇볕에 쬐어서 얼굴이 거무스름하게 된 것은 오빠들의 강요로 많은 수고와 어려움을 겪으며 그들의 포도원을 가꾸어야 했기 때문이다. 신자들 역시 세상에서 혹은 가족들로부터 많은 박해와 고난을 견디어 내야 할 경우들이 종종 있다. 술람미는 전혀 따뜻한 배려를 받지 못했다. 앞의 내용과는 상반되는 상황으로 보아 이것은 아마도 과거의 회상으로도 볼 수 있겠다.

술람미 여인이 형제들의 요구대로 많은 일을 감당하며 오히려 자신의 포도원을 가꾸지 못한 것처럼 신자들이 세상 일로 인해, 혹은 가족들로 인해 자신의 내면적인 신앙 생활에 집중하지 못할 때가 있다. 교회는 이들을 따뜻하게 품어주고 세상에서의 상처들을 싸매어주어야 한다.

세상의 많은 일들을 감당해야 하는 일반신자는 물론 심지어 목회자나 선교사들 역시 주어진 사역에 많은 시간과 힘을 쏟지만, 자신의 영혼을 돌보는 것이 무엇보다 중요하다. 그리스도 안에 거하지 않으면서 맺는 모든 열매는 육신의 열매일 뿐 성령의 열매가 되지 못하며, 영육이 지칠 수밖에 없다.

"평안을 너희에게 끼치노니 곧 나의 평안을 너희에게 주노라 내가 너희에게 주는 것은 세상이 주는 것과 같지 아니하니라 너희는 마음에 근심하지도 말고 두려워하지도 말라"(요한복음 14:27)

목자를 찾는 마음

1:7 "내 마음으로 사랑하는 자야 네가 양치는 곳과 정오에 쉬게 하는 곳을 내게 말하라 내가 네 친구의 양 떼 곁에서 어찌 얼굴을 가린 자같이 되랴"(술람미)

Tell me, you whom I love, where you graze your flock and where you rest your sheep at midday. Why should I be like a veiled woman beside the flocks of your friends?

"내 마음에 사랑하는 자여, 당신이 양치는 그곳, 정오가 되면 양들을 쉬게 하는 그곳을 가르쳐주세요. 제가 왜 당신의 친구들의 양 떼들 곁에서 숨기운 자 같이 되어야 합니까?"

술람미 여인은 6절의 상황으로부터 벗어나려는 간절한 마음을 털어놓고 있다. 그의 내면은 무너지고 황폐해졌다. 다른 양떼들은 다 사랑하는 목자 곁에 있을 것을 생각하며 소외감마저 느낀다. 그는 간절히 사랑하는 자를 찾고 싶은 마음이다.

예수 그리스도는 왕의 신분이시지만, 자신을 낮추시고 목자의 심령으로 이 땅에 오셨다. 세상에서 수고하고 무거운 짐 진 자들을 위로하며 구원하기 위해 오셨다. 세상이 주는 고달픔과 마음의 상처로 힘들어하는 그리스도인은 목자이신 예수 그리스도의 사랑과 위로를 그리워한다.

영적 갈급함이 있는 신자가 참된 그리스도인이다. 예수님은 마음이 가난한 자가 복이 있다고 하셨다. 그들은 주님의 임재와 은혜 안에 항상 거하기를 사모하기 때문이다.

"도둑이 오는 것은 도둑질하고 죽이고 멸망시키려는 것뿐이요 내가 온 것은 양으로 생명을 얻게 하고 더 풍성히 얻게 하려는 것이라"(요한복음 10:10)

"내 양은 내 음성을 들으며 나는 그들을 알며 그들은 나를 따르느니라"(요한복음 10:27)

양떼의 발자취를 따라

1:8 "여인 중에 어여쁜 자야 네가 알지 못하겠거든 양 떼의 발자취를 따라 목자들의 장막 곁에서 너희 염소 새끼를 먹일지니라"(친구들)

If you do not know, most beautiful of women, follow the tracks of the sheep and graze your young goats by the tents of the shepherds.

'여인 중 어여쁜 자'라고 부르는 것을 보아 친구들은 술람미를 아끼고 사랑하는 마음으로 충고해 주는 것으로 보인다. 사랑하는 목자를 만나고 싶어하는 술람미에게 양들의 발자취를 따라가라고 충고한다.

술람미 여인은 여기서 사랑하는 자를 목자로, 자신은 목녀로 표현한다. 사랑하는 자와 자신의 관계를 어떤 때는 왕과 여인으로, 혹은 포도원 주인과 포도원지기로 표현할 때도 있다. 이것은 실제 주인공들의 직업을 말하는 것이 아니라 아가서 저자가 자신의 문학적 목적을 이루기 위해 사용한 은유적 표현으로 이해한다.

그리스도인은 앞서 주님을 신실하게 따라간 성도들이 갔던 길을 따라간다면 목자이신 주님을 틀림없이 만날 수 있음을 일깨워 준다. 혼자 헤매지 말고 주님과 동행했던 선진들이 갔던 길을 따라가는 것은 가장 속히 주님을 만날 수 있는 지름길이 될 것이다.

우리는 성경 말씀 속에서 주님을 만나고 동행했던 수많은 선진들이 걷던 길을 발견한다. 그들이 먼저 깨닫고 믿고 걸어갔던 길을 우리가 따라갈 때 그들 안에 주님이 계시고, 주께서 말씀하시고, 주께서 동행하심을 함께 체험하게 된다. 그리고 우리 역시 그들의 본을 받아 염소 새끼들(어린 신자들)을 먹이며 쉬게 할 수 있는 목양법을 배우게 된다.

"그리스도 안에서 일만 스승이 있으되 아버지는 많지 아니하니 그리스도 예수 안에서 내가 복음으로써 너희를 낳았음이라 그러므로 내가 너희에게 권하노니 너희는 나를 본받는 자가 되라"(고린도전서 4:15,16)

"형제들아 너희는 함께 나를 본 받으라 그리고 너희가 우리를, 본받은 것처럼 그와 같이 행하는 자들을 눈 여겨 보라"(빌립보서 3:17)

내 사랑아

1:9 "내 사랑아 내가 너를 바로의 병거의 준마에 비하였구나"(솔로몬)

I liken you, my darling, to a mare among Pharaoh's chariot horses.

　여기부터는 솔로몬과 술람미의 사랑의 찬가가 시작된다. 먼저 솔로몬이 술람미에게 불러주는 노래이다.

　그 노래는 '내 사랑아' 로 시작한다. 주님은 성도의 겉 모습을 보시지 않고 항상 그 마음 중심을 보신다. 겉 사람은 비록 세상의 고난으로 상하고 보잘것없는 술람미 여인 같으나 주님은 우리를 '나의 사랑'이라고 부르시며, 준마에 비유하신다. 사도 바울은 그리스도의 사랑을 이렇게 찬양했다.

　"그러므로 우리가 낙심하지 아니하노니 우리의 겉 사람은 낡아지나 우리의 속 사람은 날로 새로워지도다. 우리가 잠시 받는 환난의 경한 것이 지극히 크고 영원한 영광의 중한 것을 우리에게 이루게 함이니……"(고린도후서 4:16,17).

솔로몬은 술람미 여인을 '바로의 병거를 끄는 준마'에 비유한다. 어떤 해석에 의하면 당시 애굽에서는 애인을 '말'에 비유했다고 한다. 소나 나귀는 짐을 싣는 동물이지만, 말은 사람이 타는 동물이며, 그 중에 가장 권세 있었던 애굽의 바로왕의 마차를 끄는 말은 세상에서 가장 잘 생기고 위풍당당하고 건강했을 것이다. 준마는 그 모습도 아름답지만, 주인의 뜻에 가장 잘 순종하도록 훈련된 말일 것이다.

이처럼 하나님의 교회(성도)는 바로에 비교할 수 없는 높으신 그리스도께 순종하며 그분을 기뻐하며 따르는 준마와도 같은 존재이다.

"너는 그리스도 예수의 좋은 병사로 나와 함께 고난을 받으라. 병사로 복무하는 자는 자기 생활에 얽매이는 자가 하나도 없나니 이는 병사로 모집한 자를 기쁘게 하려 함이라"(디모데후서 2:3,4)

속 사람의 아름다움

1:10,11 "네 두 뺨은 땋은 머리털로, 네 목은 구슬 꿰미로 아름답구나. 우리가 너를 위하여 금 사슬에 은을 박아 만들리라"(솔로몬)

10 Your cheeks are beautiful with earrings, your neck with strings of jewels.
11 We will make you earrings of gold, studded with silver.

얼굴은 그의 성품과 인품을 가장 잘 나타낸다. 주님을 진심으로 사랑하며 따르는 자는 그의 얼굴에 기쁨과 평안과 품위가 따른다. 거기에 곱게 땋은 머리와 목에 드리운 구슬 장식은 여인의 아름다움을 더욱 돋보이게 하듯 신앙의 아름다운 모습과 행실을 나타내 준다.

오늘 세상 사람들은 거짓된 것으로 겉 사람을 단장하며, 썩어질 것으로 사람들 앞에 자랑을 삼는다. 그것은 영광의 주님 앞에는 아무런 가치도 없고 보잘것없는 것들일 뿐이다.

주님께서는 행실과 믿음이 아름다운 성도에게 더 많은 은사를 더하여 주실 것을 약속하신다. 신자들이 그 받은 은혜대로 주님을 기쁘시게 한다면 더 크고 영광스러운 상급을 더하실 것이다.

여기 '내가'라는 말 대신 '우리'라는 말을 주목하자. 주님과 함께 하는 천사들이나 성도들을 의미하는가? 아니면, 삼위일체 되시는 성부 성자 성령을 말씀하시는가? 창세기 2장 26절에, "하나님이 이르시되 우리의 형상을 따라 우리의 모양대로 우리가 사람을 만들고 그들로 바다의 물고기와 하늘의 새와 가축과 온 땅과 땅에 기는 모든 것을 다스리게 하자 하시고."라고 하셨다.

처음 창조하실 때나 새로운 피조물로 창조하실 때나 동일한 삼위일체 하나님의 역사임을 짐작하게 하지 않은가?

"너희 단장은 머리를 꾸미고 금을 차고 아름다운 옷을 입은 외모로 하지 말고 오직 마음에 숨은 사람을 온유하고 안정한 심령의 썩지 아니할 것으로 하라"(베드로전서 3:3,4)

엔게디 포도원의 고벨화 송이

1:12-14 "왕이 침상에 앉았을 때에 나의 나도 기름이 향기를 뿜어냈구나 나의 사랑하는 자는 내 품 가운데 몰약 향 주머니요 나의 사랑하는 자는 내게 엔게디 포도원의 고벨화 송이로구나"(술람미)

12 While the king was at his table, my perfume spread its fragrance.
13 My beloved is to me a sachet of myrrh resting between my breasts.
14 My beloved is to me a cluster of henna blossoms from the vineyards of En Gedi.

개역개정판 성경에는 왕이 앉은 곳을 침상이라고 했으나 개역한 글판 성경은 상(table)이라고 표현되어 있다. 왕의 연회장에 참석한 술람미 여인은 사모하는 왕을 뵐 때 자신이 남몰래 간직한 기름 향기가 뿜어 나오듯 그를 향한 사랑과 기쁨이 넘쳐남을 느끼며 왕의 아름다움을 찬양한다.

'나의 나도 기름'은 영어 성경에는 다만 my perfume(나의 기름)

이라고 했다. 여인들이 품 속에 넣고 다니는 기름은 아라비아에서 나는 매우 값지고 고귀한 향유이다. 팔레스타인 여인들은 오늘날까지도 이 향유를 품속에 넣고 다닌다고 한다. 여인들이 가슴에 품고 다니는 가장 소중한 향유처럼 왕은 자신에게 가장 소중한 분임을 술람미는 고백하고 있다.

엔게디는 사해 서해안의 한 가운데 있는 오아시스라고 한다. 아무나 오고 가는 곳은 아닌 것 같다. 그곳에 아마도 술람미 여인만이 아는 포도원이 있는지도 모른다. 거기에 아주 귀하게 피어난 한 송이의 고벨화는 그에게 매우 특별한 꽃인 것 같다. 그 꽃을 보았을 때 느꼈던 마음이 왕의 모습을 볼 때 그의 마음 속에서 그때처럼 찬양이 우러나왔을 것이다.

꽃은 사랑을 표현하는 가장 친근한 도구이다. 하나님께서 이 세상에 아름답고 다양한 꽃들을 만드신 것은 우리에게 나타내시는 하나님의 사랑이 아니겠는가!

사랑의 노래

1:15-16 "내 사랑아 너는 어여쁘고 어여쁘다 네 눈이 비둘기 같구나. 나의 사랑하는 자야 너는 어여쁘고 화창하다 우리의 침상은 푸르다"(솔로몬/술람미)

15 How beautiful you are, my darling! Oh, how beautiful! Your eyes are doves. 16 How handsome you are, my beloved! Oh, how charming! And our bed is verdant.

내 사랑아, 너는 얼마나 아름다운지
오, 얼마나 아름다운지!
너의 두 눈이 비둘기 같구나.

내 사랑 그대는 얼마나 멋진지요
오, 얼마나 매력이 넘치는지요
우리의 침실은 푸르네요.

시의 연을 맞추어 다시 써 보았다. 눈은 그 사람의 내면의 모습을 가장 잘 반영한다. 왕은 술람미에게 특히 두 눈의 아름다움을 비둘기에 비유했다. 비둘기는 성경에서 순수함, 온유함, 성령의 임재, 가난한 자의 제물 등을 의미한다.

이 노래는 왕과 술람미가 함께 화답하며 부르는 노래다. 이들이 서로 고백하는 내용이 무엇인가? 그것은 "그 분이 먼저 나를 사랑하셨기 때문에 나도 그 분을 사랑한다."는 것이다. 그가 먼저 가장 강력하고도 아주 부드러운 사랑의 말로 나에게 고백한다. 그 사랑의 고백을 듣는 사람들마다 세상이 나를 어떻게 생각하든지 나는 그 분의 보시기에 아름다운 존재임을 확인하게 되는 것이다. 그리고 우리 마음은 그 분께서 쏟아 주시는 사랑에 감사와 기쁨으로 보답하는 찬양을 올리게 된다.

술람미 여인은 그 어떤 피조물로도 비유될 수 없는 왕의 충만한 영광스러움에 사로잡힌 마음을 고백하고 있다. 침실의 푸르름은 생명력, 젊음, 안전함, 소망을 뜻하는 안식의 자리임을 말해준다. 주님과의 깊은 교제를 사모하는 신자들의 영적 지성소를 의미한다

"우리가 사랑함은 그가 먼저 우리를 사랑하셨음이라." (요한1서 4:19)

영원한 거처

1:17 "우리 집은 백향목 들보, 잣나무 서까래로구나"(솔로몬)

The beams of our house are cedars; our rafters are firs.

왕이 신부를 위해 예비하신 집은 궁전과 같은 집, 최고, 최상의 목재로 지은 향기롭고 튼튼한 집이다. 이와 같이 예수님은 성도와 항상 함께 거하시고, 깊은 신뢰와 사랑으로 연합되기를 원하신다.

주님을 모시는 거처는 이 땅에서는 '우리의 심령'이다. 주님께서 나의 심령 안에 들어 오심으로서 우리의 심령은 온전히 변화되고 성숙하며, 백향목처럼, 잣나무처럼 그 믿음과 사랑이 견고해지고 향기를 발하게 됨을 말해준다.

주님께서는 일주일에 한 번 예배를 위해 잠시 만났다 다시 헤어지는 신자가 아니라, 사랑하는 신부와 함께 먹고 마시고 함께 거할 수 있는 행복한 사랑의 집을 짓기 원하신다. 지금 주님과 함께 거하는 사랑의 집을 짓지 않는 사람은 영원한 하늘의 집을 기대할 수 없다.

예수께서 이 땅에 계실 때는 "여우도 굴이 있고 공중의 새도 거처가 있으되 인자는 머리 둘 곳이 없다."고 하셨다(마태복음 8:20). 그러나 천상에서는 전혀 다르다. 신부와 함께 거할 새 예루살렘성은 얼마나 아름다운지 마치 그리스도의 신부, 곧 어린 양의 아내와 같다고 표현한다(요한계시록 21:9-25).

이곳은 "사람들이 만국의 영광과 존귀를 가지고 그리로 들어가겠고 무엇이든지 속된 것이나 가증한 일 또는 거짓말하는 자는 결코 그리로 들어가지 못하고, 오직 어린 양의 생명책에 기록된 자들만 들어간다"고 했다(요한계시록 21:26,27).

"우리가 주목하는 것은 보이는 것이 아니요 보이지 않는 것이니 보이는 것은 잠깐이요 보이지 않는 것은 영원함이라. 만일 땅에 있는 우리의 장막 집이 무너지면 하나님께서 지으신 집 곧 손으로 지은 것이 아니요 하늘에 있는 영원한 집이 우리에게 있는 줄 아느니라"(고린도후서 4:18-5:1)

비둘기

당신을 향하여
노래를 부를까
얼굴을
하늘에 들면,
난
오히려
당신의 가슴
고동치게 하는
비둘기이고 싶어요

최혜숙 시집 《뿔라성 사람들》 중에서

2장

1 나는 샤론의 수선화요 골짜기의 백합화로다.

2 여자들 중에서 내 사랑은 가시나무 가운데 백합화로다.

3 남자들 중에 나의 사랑하는 자는 수풀 가운데 사과나무 같구나. 내가 그 그늘에 앉아서 심히 기뻐하였고 그 열매는 내 입에 달았도다.

4 그가 나를 인도하여 잔칫집에 들어갔으니 그 사랑은 내 위에 깃발이로구나.

5 너희는 건포도로 내 힘을 돕고 사과로 나를 시원하게 하라 내가 사랑하므로 병이 생겼음이라.

6 그가 왼팔로 내 머리를 고이고 오른팔로 나를 안는구나.

7 예루살렘 딸들아 내가 노루와 들 사슴을 두고 너희에게 부탁한다. 내 사랑이 원하기 전에는 흔들지 말고 깨우지 말지니라.

8 내 사랑하는 자의 목소리로구나. 보라 그가 산에서 달리고 작은 산을 빨리 넘어 오는구나.

9 내 사랑하는 자는 노루와도 같고 어린 사슴과도 같아서 우리 벽 뒤에 서서 창으로 들여다보며 창살 틈으로 엿보는구나.

10 나의 사랑하는 자가 내게 말하여 이르기를 나의 사랑, 내 어여쁜 자야 일어나서 함께 가자.

11 겨울도 지나고 비도 그쳤고

12 지면에는 꽃이 피고 새가 노래할 때가 이르렀는데 비둘기의 소리가 우리 땅에 들리는구나.

13 무화과나무에는 푸른 열매가 익었고 포도나무는 꽃을 피워 향기를 토하는구나. 나의 사랑, 나의 어여쁜 자야 일어나서 함께 가자.

14 바위 틈 낭떠러지 은밀한 곳에 있는 나의 비둘기야 내가 네 얼굴을 보게 하라 네 소리를 듣게 하라. 네 소리는 부드럽고 네 얼굴은 아름답구나.

15 우리를 위하여 여우 곧 포도원을 허는 작은 여우를 잡으라 우리의 포도원에 꽃이 피었음이라.

16 내 사랑하는 자는 내게 속하였고 나는 그에게 속하였도다. 그가 백합화 가운데에서 양 떼를 먹이는구나.

17 내 사랑하는 자야 날이 저물고 그림자가 사라지기 전에 돌아와서 베데르 산의 노루와 어린 사슴 같을지라.

봄 동산에서

2:1-2 "나는 샤론의 수선화요 골짜기의 백합화로다. 여자들 중에 내 사랑은 가시나무 가운데 백합화 같도다." (술람미/솔로몬)

1 I am a rose of Sharon, a lily of the valleys. 2 Like a lily among thorns is my darling among the young women.

솔로몬과 술람미는 봄 동산으로 나갔다. 술람미는 자신을 샤론의 수선화, 골짜기의 백합화로 비유한다. 수선화는 영어 성경에는 장미(rose)로 번역했다. "I am a rose of Sharon, a lily of the valleys." 이는 잘 가꾸어진 정원에 피는 화려한 꽃이 아니라 아주 보잘것없는 들꽃처럼 낮은 신분의 자신을 표현한다.

샤론은 갈멜산 남쪽에 위치하고 있는 대평원으로 욥바에서 지중해 연안까지 90여 리로 길게 뻗쳐있다. 서쪽은 산과 골짜기이며, 동쪽은 대해이다. 이 평원은 봄이 되면 야생화들이 만발하여 아름다운 자연의 정원을 이룬다. 술람미는 이 평원에 피어난 들장미와 같고, 깊은 골짜기 사람들의 눈에 띄지 않게 피어난 나리꽃과 같다고 자신을 고백한다.

솔로몬은 이 사랑스런 여인에게 '가시나무 가운데 백합화' 같다고 했다. 가시나무 같은 세상에서 고난 받고 아픔을 겪는 순백한 꽃이다. 세상에서 환난을 당하지만 오히려 그것을 통해 더욱 향기를 발하는 꽃이다. 주님은 성도가 환난과 역경 가운데서 믿음과 사랑을 지키는 모습을 이처럼 아름답게 보신다.

"이것을 너희에게 이르는 것은 너희로 내 안에서 평안을 누리게 하려 함이라 세상에서는 너희가 환난을 당하나 담대하라 내가 세상을 이기었노라"(요한복음 16:33)

수풀 가운데 사과나무

2:3 "남자들 중에 나의 사랑하는 자는 수풀 가운데 사과나무 같구나 내가 그 그늘에 앉아서 심히 기뻐하였고 그 열매는 내 입에 달았도다"(술람미)

Like an apple tree among the trees of the forest is my beloved among the young men. I delight to sit in his shade, and his fruit is sweet to my taste.

솔로몬의 고백에 이어 술람미 여인이 솔로몬에게 고백한다. '수풀 가운데 사과나무'는 무엇을 말해주고 있는가? 수풀은 열매 맺는 나무들을 발견하기 힘든 곳이다. 무성한 잡나무와 야생 풀들이 가득한 곳이다. 그런 곳에 사과나무가 있다는 것을 기대하는 사람은 별로 없을 것이다.

술람미 여인은 그 가운데서 사과나무를 발견했다. 달콤한 사과가 많이 열려 있었다. 아마도 술람미 여인은 사과나무로 인하여 남모르는 기쁨이 가득하였을 것이다. 주님을 발견한 성도들은 이처럼 그 분의 은혜와 사랑으로 인해 은밀한 내면의 기쁨이 충만하다.

마태복음 13:44에 "천국은 마치 밭에 감추인 보화와 같으니 사람이 이를 발견한 후 숨겨두고 기뻐하며 돌아가서 자기의 소유를 다 팔아 그 밭을 사느니라"는 말씀과 잘 어울리는 말씀 같다.

예수님은 이 땅에 오실 때 왕의 모습으로 오시지 않았다. 베들레헴의 초라한 마구간에서 태어나셨고, 작은 시골 마을 나사렛에서 가난한 목수의 아들로 자라셨다. 마치 잡초들이 우거진 수풀 가운데 자라난 한 그루 사과나무 같았지만 아무도 그가 누구인지 알지 못했다.

이사야는 이렇게 말했다. "우리가 전한 것을 누가 믿었느냐 여호와의 팔이 누구에게 나타났느냐 그는 주 앞에서 자라나기를 연한 순 같고 마른 땅에서 나온 뿌리 같아서 고운 모양도 없고 풍채도 없은즉 우리가 보기에 흠모할 만한 아름다운 것이 없었도다"(이사야 53:1-2).

세상은 지금도 나사렛 예수를 그렇게 바라본다. 예수께서 수풀 가운데 있는 사과나무인 것을 발견한 자들은 복이 있다.

"내가 이것을 너희에게 이름은 내 기쁨이 너희 안에 있어 너희 기쁨을 충만하게 하려 함이라"(요한복음 15:11)

그의 사랑은 나의 깃발

2:4 "그가 나를 인도하여 잔칫집에 들어갔으니 그 사랑은 내 위에 깃발이로구나"(술람미)

Let him lead me to the banquet hall, and let his banner over me be love.

주님은 우리를 동등하게 여겨주시고, 사랑하는 자라 부르는 것을 허용하셨다. 그러나 우리는 그 분이 신성의 위엄으로 우리와 비길 수 없는 분임을 잘 알고 있다. 또한 동시에 그 분의 이러한 뛰어나심이 우리를 보호한다는 사실을 믿으며, 그 분의 자비로우신 자기 비하(condescension)는 오히려 그 분의 신적 위대하심에서 기인함을 안다.

왕이 인도하는 곳은 기쁨의 잔칫집이다. 깃발이 의미하는 것은 소속, 구분, 소유, 보호를 나타낸다. 세상의 그 어느 깃발이 이보다 더 자랑스럽고 당당할 수 있겠는가? 술람미 여인은 비록 깊은 골

짝의 들꽃 같은 시골 처녀지만 그 분께서 쏟아주시는 사랑 때문에, 왕의 초대로 잔칫집에 들어가므로 그 어떤 여인들보다도 행복하고 그 아무도 부럽지 않다. 그의 곁에는 솔로몬 왕이 마치 깃발처럼 함께 하고 있기 때문이다.

이스라엘이 광야를 걸을 때 아말렉의 침략을 받았다. 여호수아는 아말렉을 맞서 싸웠고, 모세는 아론과 훌과 함께 산꼭대기에 올라가 손을 들고 기도하며 싸웠다. 모세는 승리의 기쁨을 나누며, '여호와 닛시', "여호와는 나의 깃발이시다(The LORD is my Banner)"라고 외쳤다.

내 곁에 항상 계시는 주님은 나의 의(義)의 깃발이시며, 평안의 깃발이시며, 승리의 깃발이시다.

"주를 경외하는 자에게 깃발을 주시고 진리를 위하여 달게 하셨나이다"(시편 60:4)

사랑병

2:5 "너희는 건포도로 내 힘을 돕고 사과로 나를 시원케 하라 내가 사랑하므로 병이 생겼음이라"(술람미)

Strengthen me with raisins; refresh me with apples, for I am faint with love.

건포도와 사과를 너무 지나치게 영해할 필요는 없겠지만, 잔칫집에서 자신이 좋아하는 음식들을 즐겁게 먹듯이 영적인 힘을 얻기 위해 우리에게 필요한 것은 풍성한 하나님의 말씀이며 성령의 풍성한 은혜이다. 술람미 여인은 주님을 사모함이 큰 만큼 그 분의 음성을 사모하는 마음도 클 것이다.

술람미 여인은 심령의 갈급함으로 인해 병이 날 정도였다. 옛날 근동지방에서는 애인을 사모하는 간절한 심리를 가리켜 '사랑병'이라 했다. 우리 말로는 '상사병'이다. 날마다 연인을 만나지 못하면 상사병이 나듯이 주님을 사모하며 그 말씀을 사모하는 자들은 영적 갈급함이 있는 것이 정상이다.

다윗은 누구보다 하나님을 사랑한 사람이었기 때문에 사랑과 믿음을 고백하는 아름다운 시들을 많이 남겼다. 하나님을 기쁘시게 하는 것은 내가 그 분을 위해 무언가 일을 하는 것이 아니라, 그 분 자신을 기뻐하고 즐거워하는 것이다.

"하나님이여 사슴이 시냇물을 찾기에 갈급함 같이 내 영혼이 주를 찾기에 갈급하나이다"(시편 42:1)

"내가 주의 계명들을 사모하므로 내가 입을 열고 헐떡였나이다"(시편 119:131)

주님의 날개 아래

2:6 "그가 왼팔로 내 머리를 고이고 오른 팔로 나를 안는구나"(술람미)

His left arm is under my head, and his right arm embraces me.

초기 교부였던 오리겐은 이 구절에 대해 매우 흥미로운 해석을 한다. "왼손은 부와 명예를 상징하는데 그리스도(남자)의 왼손이 교회(여자)의 머리에 있다는 것은 부와 명예의 그리스도가 성육신을 통해 가난하고 천하게 되심으로써 교회가 부와 명예를 얻게 된 것을 가르치는 것이다. 한편 오른 손에 있는 장수는 성육신 이전의 성자 하나님의 영원성을 가리킨다. 교회(여자)가 그리스도의 오른 손에 의해 감싸인다는 것은 그리스도의 영원한 비밀과 신비에 대해 배우게 된다는 것이다."라고 했다.[3]

---

3 김구원 '가장 아름다운 노래' (CLC 기독교문서선교회) p. 133,134

이 말씀은 성도에 대한 주님의 보호하심과 사랑이 지극히 자상하며 구체적임을 말해준다. 또한 언제나 신랑이 능동적이며 신부는 수동적인 모습을 본다. 주님께서 먼저 우리를 찾으시고 사랑하셨다. "우리가 사랑함은 그가 먼저 우리를 사랑하셨음이라"(요한일서 4:19) 우리는 그 사랑에 반응하며 순종하는 것이 아름다운 신부의 모습이며 또한 주님의 기쁨이 된다.

주님은 일상적인 삶 가운데도 아주 가까이 계시며, 심령 속에서도 떠나지 않으시는 분이심을 신자들은 알 수 있다. 또 병중에서나 어려운 일을 당할 때는 더욱 가까이 다가와 위로하시며 격려하시며 지켜주심을 느낄 수 있다. 세상의 풍파가 일 때도 주님은 가장 은밀한 밀실로 인도하시며 보호해 주신다.

시편 91편은 '지존자의 은밀한 곳에 거주하며 '전능자의 그늘' 아래에 사는 자들의 행복'에 관해 노래하고 있다.

"지존자의 은밀한 곳에 거주하며 전능자의 그늘 아래에 사는 자여, 나는 여호와를 향하여 말하기를 그는 나의 피난처요 나의 요새요 내가 의뢰하는 하나님이라 하리니 이는 그가 너를 새 사냥꾼의 올무에서와 심한 전염병에서 건지실 것임이로다. 그가 너를 그의 깃으로 덮으시리니 네가 그의 날개 아래에 피하리로다"(시편 91:1-4상)

밀애

2:7 "예루살렘 딸들아 내가 노루와 들사슴을 두고 너희에게 부탁한다. 내 사랑이 원하기 전에는 흔들지 말고 깨우지 말지니라"(술람미)

Daughters of Jerusalem, I charge you by the gazelles and by the does of the field: Do not arouse or awaken love until it so desires.

연인과의 깊은 밀애에 빠져있는 여인의 마음을 나타낸다. 주님과의 진실한 사랑의 교제를 모르는 명목상의 신자들은 겉모습은 열심이 있으나 주님과의 은밀한 시간을 갖지 못하며, 그 즐거움을 이해하지도 못한다. 이들은 오히려 영적인 그리스도인들을 비웃으며 괴롭히기도 한다.

누가복음 10장 38-42절에, 예수님의 발치에 앉아 예수님의 말씀에 귀를 기우리던 마리아에게 언니 마르다는 음식을 준비하느라고 바빠서 도와주지 않는 동생 마리아에 대해 불평했다. 예수께서 마르다에게 대답하셨다. "마르다야, 마르다야 네가 많은 일로 염려하고 근심하나 몇 가지만 하든지 혹은 한 가지만이라도 족하니라. 마리아는 이 좋은 편을 택하였으니 빼앗기지 아니하리라." 하셨다.

아무에게도 방해 받지 않고 빼앗기고 싶지 않은 주님과의 시간, 말씀을 묵상하면서 주님의 음성을 듣고, 말씀에 반응하여 기도하며 찬양하는 구분된 시간이라 할 수 있겠다. 사도 바울은 아라비아에서 주님과 깊은 밀애의 시간을 가졌고, 사도 요한은 유배지 밧모섬에서 주님과 깊은 영적 교제를 체험했다.

"그는 목자 같이 양 떼를 먹이시며 어린 양을 그 팔로 모아 품에 안으시며 젖 먹이는 암컷들을 온순히 인도하시리로다"(이사야 40:11)

노루와 사슴같이

2:8,9 "내 사랑하는 자의 목소리로구나 보라 그가 산에서 달리고 작은 산을 빨리 넘어오는구나 내 사랑하는 자는 노루와도 같고 어린 사슴과도 같아서 우리 벽 뒤에 서서 창으로 들여다보며 창살 틈으로 엿보는구나"(술람미)

8 Listen! My beloved! Look! Here he comes, leaping across the mountains, bounding over the hills. 9 My beloved is like a gazelle or a young stag. Look! There he stands behind our wall, gazing through the windows, peering through the lattice.

너무나 아름다운 목가적인 시이다. 시골 처녀 술람미는 크고 작은 산들을 넘어 멀리서 달려오는 연인의 발자국 소리를 듣고자 귀를 열고 온 마음을 다해 그를 기다린다.

그가 달려오는 모습은 마치 산속의 노루와 사슴처럼 순수한 사랑과 그리움으로 가득하다. 그녀의 집에 다다른 연인은 차마 '쾅쾅' 크게 노크하지 못하고 조심스럽게 벽에 몸을 숨기고 살그머니 창을 드려다 본다.

　기다리는 처녀는 그가 이미 가까이 온 것을 다 알고 있지만 문을 박차고 나가서 맞이하는 것이 아니라 똑똑 노크소리가 날 때까지 숨을 죽이며 기다린다.

　주님 오심을 사모하는 신자들에겐 모두 이런 설레는 기다림의 마음이 있을 것이다. 주님은 지금 사랑하는 자를 만나기 위해 산들을 넘고 넘어 달려오는 노루와 사슴과도 같다.

　마태복음 25장에 슬기 있는 다섯 처녀와 미련한 다섯 처녀의 비유가 있다. 이들이 신랑을 맞이할 수 있거나 혹 맞이할 수 없었던 것은 기름이 아니라 신랑을 기다리는 마음이었을 것이다.

"이것들을 증언하신 이가 이르시되 내가 진실로 속히 오리라 하시거늘 아멘 주 예수여 오시옵소서"(요한계시록 22:20)

일어나서 함께 가자

2:10-13 "나의 사랑하는 자가 내게 말하여 이르기를 나의 사랑, 내 어여쁜 자야 일어나서 함께 가자 겨울도 지나고 비도 그쳤고 지면에는 꽃이 피고 새가 노래할 때가 이르렀는데 비둘기의 소리가 우리 땅에 들리는구나. 무화과나무에는 푸른 열매가 익었고 포도나무는 꽃을 피워 향기를 토하는구나 나의 사랑, 나의 어여쁜 자야 일어나서 함께 가자"(술람미)

10 My beloved spoke and said to me, "Arise, my darling, my beautiful one, and come with me. 11 See! The winter is past; the rains are over and gone. 12 Flowers appear on the earth; the season of singing has come, the cooing of doves is heard in our land. 13 The fig tree forms its early fruit; the blossoming vines spread their fragrance. Arise, come, my darling; my beautiful one, come with me."

이 짧은 문장 속에 '나의 사랑'이 세 번, '내 어여쁜 자'는 두 번 나온다. 주님께서 우리를 사랑하시고 어여쁘게 보시는 것은 우리의 옛사람의 모습이 결코 아니다. 우리의 옛 사람으로서는 결코 주님의 기쁨이 될 수 없다. 성령으로 변화된 새로운 모습, 그리스도의 신부로서의 성숙된 모습만이 주님의 마음을 흔들 수 있다.

이스라엘의 봄을 알리는 세 가지 징조가 본문에 언급된다. 그것은 들에 만개한 꽃들이다. 둘째는 노래들이다. 새들의 노래, 농부들의 노래들이다. 셋째는 멧 비둘기들의 소리다. 이 세 가지 징조는 사랑하는 연인들에게 특별한 의미의 메시지를 담고 있는 것 같다. 이 계절은 신랑이 신부를 맞을 수 있는 때가 이르렀으므로 신부를 자신의 처소로 데리고 가려고 찾아온다는 것이다.

"너희를 위하여 거처를 예비하면 내가 다시 와서 너희를 내게로 영접하여 나 있는 곳에 너희도 있게 하리라"(요한복음14:2, 3).

예수님께서는 오실 날짜를 말씀하시지 않았지만, 다시 오실 때에 대한 징조(Sign)들을 예고해 주셨다. 이 징조들을 보는 그리스도인들은 주께서 오실 때가 가까운 줄 알고 깨어 기다린다고 하셨다. 지금 우리는 그 징조들을 보고 있다.

"무화과나무의 비유를 배우라 그 가지가 연하여지고 잎사귀를 내면 여름이 가까운 줄 아나니 이와 같이 너희가 이런 일이 일어나는 것을 보거든 인자가 가까이 곧 문 앞에 이른 줄 알라"(마태복음 24:32-33)

바위틈의 비둘기

2:14 "바위 틈 낭떠러지 은밀한 곳에 있는 나의 비둘기야 내가 네 얼굴을 보게 하라 네 소리를 듣게 하라 네 소리는 부드럽고 네 얼굴은 아름답구나"(솔로몬)

14 My dove in the clefts of the rock, in the hiding places on the mountainside, show me your face, let me hear your voice; for your voice is sweet, and your face is lovely.

산비둘기의 가장 안전한 처소는 낭떠러지 바위틈이다. 독수리나 사나운 짐승들을 피해 가파른 바위틈에 집을 짓고 산다. 세상에 살 동안 예수 그리스도는 우리의 피할 바위시며 피난처가 되신다. 특히 마지막 환난 때 주께서 우리의 견고한 피난처가 되어 주실 것이다.

지금 우리는 비교적 안정된 사회 분위기 속에서 신앙생활을 하고 있기 때문에 '낭떠러지 바위틈의 피난처'라는 의미가 잘 들어오지 않는다. 그러나 초대교회 때로 돌아가보자. 로마 정부의 기독교 박해 가운데 교회는 폐쇄되고, 많은 순교자들을 내었다. 그리스도인들은 가산을 잃어버리고 흩어져 바위굴로 숨었다. 그것이 카타 콤이다. 지금도 이스라엘의 여러 곳에 카타콤이 있고, 그 안에 그들의 체취를 느낄 수 있는 흔적들이 있다.

소비에트연방 시대에는 교회는 폐쇄되고 예배할 공간이 없어 감옥에서 작은 성경을 숨겨두고 숨어서 예배를 드렸으며, 추운 겨울에도 산속에 모여 예배를 드렸다. 현재도 이슬람 지역이나, 공산주의 국가, 특히 북한땅에서 그리스도인들은 여전히 숨어서 숨죽이고 예배를 드린다.

오직 주님만을 의지하고 사모하는 성도들은 이처럼 세상을 피하여 사는 비둘기 같이 연약한 존재들이지만, 주님을 찾는 그들의 모습과 음성을 주님께서는 기뻐하시며 사랑하신다.

"여호와께서 환난 날에 나를 그의 초막 속에 비밀히 지키시고 그의 장막 은밀한 곳에 나를 숨기시며 높은 바위 위에 두시리로다"(시편 27:5)

"주는 내가 항상 피하여 숨을 바위가 되소서. 주께서 나를 구원하라 명령하셨으니 이는 주께서 나의 반석이시요 나의 요새이심이니이다"(시편 71:3)

포도원의 작은 여우

2:15 "우리를 위하여 여우 곧 포도원을 허는 작은 여우를 잡으라 우리의 포도원에 꽃이 피었음이라"(솔로몬)

Catch for us the foxes, the little foxes that ruin the vineyards, our vineyards that are in bloom.

포도원은 풍성한 열매를 기대하는 교회를 상징하며, 성도의 심령을 상징한다. 향기로운 꽃이 만발한 포도원은 주님과의 사랑의 마음을 나타내며, 그 열매는 사랑의 성숙을 통하여 기쁨이 충만한 수확을 기대하게 된다.

유대 지방에는 몸집이 작은 여우, 자칼이 있는데, 포도원의 꽃이 필 때 자칼이 땅 속을 파고들어와 포도나무의 뿌리를 갉아버린다고 한다. 포도 나무에서 꽃은 피지만 열매를 얻을 수가 없다.

사랑의 결실을 기대하며 애정과 신뢰를 쌓아가는 신랑과 신부에게 예상치 못한 위기가 찾아올 수 있음을 암시한다. 그것은 우리가 쉽게 인식하지 못하는 작은 원인에서 비롯될 수 있다.

이 여우는 교회를 어지럽히는 거짓 선지자를 의미할 수도 있고 (에스겔 13:4), 교회 안에 숨겨진 작은 죄악이라 할 수도 있다. 현대 교회에 있어 작은 여우는 자유주의, 세속주의, 의식주의, 종교다원주의 등을 지적하기도 한다.

개인의 신앙을 방해하는 요소들은 각자가 다를 수 있으나, 표면에 드러나지 않은 숨겨진 죄악, 성장을 방해하는 습관적인 작은 죄성, 진실하지 못한 외식적인 믿음생활 등이라 할 수 있겠다. 비록 사소한 것 같지만, 사탄은 작은 여우와 같이 몰래 숨어들어와 주님과의 아름다운 관계를 허물고 열매 맺지 못하게 한다는 것을 주의해야 한다.

"그런즉 선 줄로 생각하는 자는 넘어질까 조심하라"(고린도전서 10:12)

사랑하는 자를 그리워함

2:16 "내 사랑하는 자는 내게 속하였고 나는 그에게 속하였도다 그가 백합화 가운데에서 양 떼를 먹이는구나"(술람미)

My beloved is mine and I am his; he browses among the lilies.

위의 15절의 흐름에서 본다면 포도원을 허는 작은 여우와 같은 사탄의 역사로 두 사람 사이에 어떤 위기의 때를 맞고 있는 모습이다. 그러나 그들의 사랑은 결코 무너지지 않았고, 오히려 서로에게 속하여 있음을 새롭게 확인하는 시간을 가지는 듯 하다.

결혼예식을 올리기 전 사랑하는 남녀에게 무엇보다 중요한 것은 서로의 사랑을 확인하며 서로에게 속한 존재임을 고백하는 것이다. 이들에게 가장 필요한 것은 '언약'이다. 잠시 잊어버릴 수도 있고 떨어질 수도 있으나 그들에게는 서로의 확실한 '언약'이 있기 때문에 잠시 방해를 받거나 헤어져 있어도 염려하지 않는다.

술람미는 사랑하는 자를 잠시 떠나 있는 마음이 안타깝고 조급하기만 하다. 기쁨이 사라지고 삶의 의욕도 없어진다. 그녀는 사랑하는 자가 어디에서 무엇을 하고 있는지 짐작하고 있다. 그는 언제나 순결하고, 향기로운 백합화 동산에서 양떼들과 함께 있을 것이다.

이처럼 예수님은 말씀을 사모하는 무리들 가운데 계시며, 그분을 따르는 많은 사람들이 그 분이 들려주시는 '천국 이야기'에 귀를 기울인다. 마치 갈릴리 언덕 같은 곳이 아닐까?

"하나님이여 주는 나의 하나님이시라 내가 간절히 주를 찾되 물이 없어 마르고 황폐한 땅에서 내 영혼이 주를 갈망하며 내 육체가 주를 앙모하나이다"(시편 63:1)

속히 돌아와 주세요

2:17 "내 사랑하는 자야 날이 저물고 그림자가 사라지기 전에 돌아와서 베데르 산의 노루와 어린 사슴 같을지라"(술람미)

17 Until the day breaks and the shadows flee, turn, my beloved, and be like a gazelle or like a young stag on the rugged hills.

사랑하는 자를 기다리는 간절하고 초조한 마음을 나타낸다. 아직 낮일 때 어두워지기 전에 속히 사랑하는 그 분께서 돌아오시기를 바라는 마음이다.

베데르산은 '이별의 산'이라고 한다. 연인을 잃어버린 그 날, 가로막혔던 산을 넘고 넘어서 달려오는 노루와 사슴과 같이 속히 자기에게 돌아와 주길 술람미는 간절히 바란다.

주님은 결코 우리를 떠나시지 않지만, 우리는 얼마나 자주 주님을 떠나고 그의 손을 놓치고 마는가? 우리 가운데 포도원의 작은 여우처럼 몰래 찾아오는 세상의 미혹과 죄악으로 인해 믿음에서 떠나 방황할 때가 얼마나 많은가?

　주님과 멀어지는 데는 이처럼 두 가지 요인이 있다. 그 하나는 외적인, 환경적인 문제로 올 수 있고, 또 하나는 내면적인 이유일 수 있다. 잠시 주님의 손을 놓쳐버릴 수는 있지만 깊은 영적인 밤이 오지 않도록, 빛 가운데 항상 거하기를 힘써야 하겠다.

"예수께서 이르시되 아직 잠시 동안 빛이 너희 중에 있으니 빛이 있을 동안에 다녀 어둠에 붙잡히지 않게 하라. 어둠에 다니는 자는 그 가는 곳을 알지 못하느니라. 너희에게 아직 빛이 있을 동안에 빛을 믿으라. 그리하면 빛의 아들이 되리라"(요한복음 12:35,36)

봄노래

샘들이 어찌
얼은 땅 속에 그대로
숨을 수 있나요

새 움들이 어찌
마른 가지 속에 그대로
견딜 수 있나요

뭇 별들이 그 빛을
감출 수 없듯이
뭇 새들이 그 소리를
멈출 수 없듯이

내 노래
내 심장 속에 그대로
머물 수 없네.

봄을 터뜨리는 당신의 손길에
터져 나오는 땅의 숨가쁜 소리.

최혜숙 시집 《뿔라성 사람들》 중에서

3장

1 내가 밤에 침상에서 마음으로 사랑하는 자를 찾았노라. 찾아도 찾아내지 못하였노라.

2 이에 내가 일어나서 성 안을 돌아다니며 마음에 사랑하는 자를 거리에서나 큰 길에서나 찾으리라 하고 찾았으나 만나지 못하였노라.

3 성 안을 순찰하는 자들을 만나서 묻기를 내 마음으로 사랑하는 자를 너희가 보았느냐 하고,

4 그들을 지나치자마자 마음에 사랑하는 자를 만나서 그를 붙잡고 내 어머니 집으로, 나를 잉태한 이의 방으로 가기까지 놓지 아니하였노라.

5 예루살렘 딸들아 내가 노루와 들 사슴을 두고 너희에게 부탁한다. 사랑하는 자가 원하기 전에는 흔들지 말고 깨우지 말지니라.

6 몰약과 유향과 상인의 여러 가지 향품으로 향내 풍기며 연기 기둥처럼 거친 들에서 오는 자가 누구인가?

7 볼지어다 솔로몬의 가마라 이스라엘 용사 중 육십 명이 둘러쌌는데,

8 다 칼을 잡고 싸움에 익숙한 사람들이라 밤의 두려움으로 말미암아 각기 허리에 칼을 찼느니라.

9 솔로몬 왕이 레바논 나무로 자기의 가마를 만들었는데,

10 그 기둥은 은이요 바닥은 금이요 자리는 자색 깔개라. 그 안에는 예루살렘 딸들의 사랑이 엮어져 있구나.

11 시온의 딸들아 나와서 솔로몬 왕을 보라 혼인날 마음이 기쁠 때에 그의 어머니가 씌운 왕관이 그 머리에 있구나.

사랑하는 이를 찾아

3:1-2 "내가 밤에 침상에서 마음으로 사랑하는 자를 찾았노라 찾아도 찾아내지 못하였노라. 이에 내가 일어나서 성 안을 돌아다니며 마음에 사랑하는 자를 거리에서나 큰 길에서나 찾으리라 하고 찾으나 만나지 못하였노라"(술람미)

1 All night long on my bed I looked for the one my heart lovers; I looked for him but did not find him. 2 I will get up now and go about the city, through its streets and squares; I will search for the one my heart loves. So I looked for him but did not find him.

　술람미 여인은 어두워지기 전에 사랑하는 이가 오기를 기다렸으나 밤이 되어도 오지 않았다. 밤이란 말은 의미가 있어 보인다. 밤은 죄악, 죽음, 도적, 마귀의 활동, 영적 침체, 주님 부재를 나타낸다. 잠을 이루지 못하는 술람미 여인은 사랑하는 자를 간절히 기다리다가 꿈 속에서도 그를 찾았다. 그러나 어느 곳에서도 그를 만날 수 없었다.

그는 보다 적극적으로 일어나 성 중을 돌아다니며 사랑하는 자를 찾는다. 그러나 성 중의 어느 길에서도 그분은 보이지 않았다. 사람들이 많이 오가는 복잡한 도시, 군중들 속에서는 주님을 찾을 수 없다.

주님을 찾기 위해서는 외부로부터가 아니라 내면으로 더 깊이 들어가야 한다. 자신의 안일함과 부주의로 사랑하는 주님과 멀어짐을 견딜 수 없어하는 신자의 애타는 마음을 표현한다. 처음 사랑을 잃어버린 에베소교회에게 주님은 이렇게 말씀하셨다.

"그러므로 어디서 떨어졌는지를 생각하고 회개하여 처음 행위를 가지라 만일 그리하지 아니하고 회개하지 아니하면 내가 네게 가서 네 촛대를 그 자리에서 옮기리라"(요한계시록 2:5)

내 어머니의 방으로

3:3,4 "성 안을 순찰하는 자들을 만나서 묻기를 내 마음으로 사랑하는 자를 너희가 보았느냐 하고 그들을 지나치자마자 마음에 사랑하는 자를 만나서 그를 붙잡고 내 어머니 집으로, 나를 잉태한 이의 방으로 가기까지 놓지 아니하였노라"(술람미)

3 The watchmen found me as they made their rounds in the city. "Have you seen the one my heart loves?" 4 Scarcely had I passed them when I found the one my heart loves. I held him and would not let him go till I had brought him to my mother's house, to the room of the one who conceived me.

성안을 순찰하는 자, 파수꾼을 말한다. 아마도 비유적으로 해석한다면 목회자, 신앙의 지도자들로 해석할 수 있을 것이다. 그런데 술람미 여인은 순찰자를 만났을 때 사랑하는 자를 찾은 것이 아니고, 그들을 떠나자 마자 그를 만났다.

신자는 사역자 자신에게서 주님을 찾을 수 있는 듯 생각하지 말아야 한다. 물론 그들은 말씀으로 도움을 줄 수 있다. 그러나 이처럼 주님을 찾고 찾는 자에게 만나게 해 주시는 분은 성령이다. 보혜사 성령께서 항상 우리를 주님께로 인도해주신다. 그리고 영으로 우리 안에 거하시는 그 분이 곧 내가 찾는 주님이시다.

"보혜사 곧 아버지께서 내 이름으로 보내실 성령 그가 너희에게 모든 것을 가르치고 내가 너희에게 말한 모든 것을 생각나게 하리라"(요한복음14:26).

어머니의 집, 나를 잉태한 이의 방은 교회를 의미한다. 가시적인 교회가 아니라 예수께서 베드로에게 '이 반석 위에 내 교회를 세우리라' 하신 그 교회를 말한다. 말씀 위에 세워진 교회, 성령의 역사 안에 교통하는 교회를 말한다. 이 교회를 통해 영적인 자녀들을 잉태하고 해산하는 역사가 일어난다.

"나의 자녀들아 너희 속에 그리스도의 형상을 이루기까지 다시 너희를 위하여 해산하는 수고를 하노니……"(갈라디아서 4:19)

깨우지 말아요

3:5 "예루살렘 딸들아 내가 노루와 들사슴을 두고 너희에게 부탁한다 사랑하는 자가 원하기 전에는 흔들지 말고 깨우지 말지니라"(술람미)

Daughters of Jerusalem, I charge you by the gazelles and by the does of the field: Do not arouse or awaken love until it so desires.

2장 7절과 동일한 후렴구다. 예루살렘의 딸들은 주님과 영적으로 깊은 교제를 경험하지 못한 육적인, 명목상의 신자들을 비유한다. 이들은 술람미의 왕과 함께 누리는 행복과 간절한 마음을 이해할 수 없을 것이다. 사랑하는 자와의 깊은 사랑의 교제를 다시 회복한 술람미는 작은 소리에도 놀라는 노루와 들사슴에 빗대어 그분 외에는 아무에게도 방해 받기를 원치 않는 마음을 표현하고 있다.

구약의 지성소는 대제사장만이 1년에 단 한 번 여호와 하나님의 임재를 체험했다. 그러나 신약 성도들의 지성소는 그들의 심령 안에 있다. 그들은 심령의 지성소에서 항상 주님을 만나며, 찬양과 감사와 사랑의 교제를 누린다. 성령의 임재는 시간과 공간을 초월하여 누릴 수 있는 신약 성도들의 특권이다. 예수께서 말씀하셨다. "그 날에는 내가 아버지 안에, 너희가 내 안에, 내가 너희 안에 있는 것을 너희가 알리라"(요한복음 14:20).

다만 성령의 역사를 소멸하는 요인이 되는 것을 분별하고 제거하는 것이 우리의 신앙생활에 꼭 필요하다.

"그는 진리의 영이라 세상은 능히 그를 받지 못하나니 이는 그를 보지도 못하고 알지도 못함이라 그러나 너희는 그를 아나니 그는 너희와 함께 거하심이요 또 너희 속에 계시겠음이라"(요한복음 14:17)

왕이 오신다

3:6-8 "몰약과 유향과 상인의 여러 가지 향품으로 향내 풍기며 연기 기둥처럼 거친 들에서 오는 자가 누구인가. 볼지어다 솔로몬의 가마라 이스라엘 용사 중에 육십 명이 둘러쌌는데 다 칼을 잡고 싸움에 익숙한 사람들이라 밤의 두려움으로 말미암아 각기 허리에 칼을 찼느니라"(술람미)

6 Who is this coming up from the wilderness like a column of smoke, perfumed with myrrh and incense made from all the spices of the merchant? 7 Look! It is Solomon's carriage, escorted by sixty warriors, the noblest of Israel, 8 all of them wearing the sword, all experienced in battle, each with his sword at his side, prepared for the terrors of the night.

여기부터 5장 11절까지는 솔로몬과 술람미의 결혼식에 관한 시라고 본다.

연기 기둥은 많은 향연이 올라가고 있는 것을 말한다. 몰약과 유향과 여러 가지 향품으로 향내를 풍기며 신랑이 오고 있다. 솔로몬은 죄 많고 거친 이 세상에 오신 그리스도를 예표한다. 주님께서 다시 이 땅에 오실 때는 목수의 아들이 아니라 천상의 장엄하고 아름다운 왕의 모습으로 오실 것이다.

솔로몬의 가마와 함께 용사들이 둘러싸 그를 옹위하고 있듯이 마지막 때는 새 이스라엘인 교회(성도)를 박해하던 사탄의 권세와 싸우시기 위해 천군 천사들과 함께 예수께서 다시 오신다(요한계시록 19:19-21 참조). 그 때가 바로 신랑 예수께서 그의 신부를 데리러 오실 때다.

"또 내가 하늘이 열린 것을 보니 보라 백마와 그것을 탄 자가 있으니 그 이름은 충신과 진실이라 그가 공의로 심판하며 싸우더라 그 눈은 불꽃 같고 그 머리에는 많은 관들이 있고 또 이름 쓴 것이 하나가 있으니 자기밖에 아는 자가 없고 또 그가 피 뿌린 옷을 입었는데 그 이름은 하나님의 말씀이라 칭하더라 하늘에 있는 군대들이 희고 깨끗한 세마포 옷을 입고 백마를 타고 그를 따르더라"(요한계시록 19:11-14)

솔로몬의 가마

3:9-10 "솔로몬 왕이 레바논 나무로 자기의 가마를 만들었는데 그 기둥은 은이요 바닥은 금이요 자리는 자색 깔개라 그 안에는 예루살렘 딸들의 사랑이 엮어져 있구나"(술람미)

9 King Solomon made for himself the carriage; he made it of wood from Lebanon. 10 Its posts he made of silver, its base of gold. Its seat was upholstered with purple, its interior inlaid with love. Daughters of Jerusalem,

이 솔로몬이 탄 가마는 그의 신부를 위해 솔로몬이 친히 만든 가마라고 했다. 그 가마는 레바논의 최상품 백향목으로 만들어졌다. 백향목은 성도들의 견고하고 옳은 행실에 비유된다. 은은 순결을, 금은 변치 않는 믿음을 상징하며 그것으로 내부가 장식되었다. 그 깔개는 예루살렘 딸들의 사랑으로 엮어진 것이라고 했다. 솔로몬 왕궁의 여인들이 왕에 대한 존경심과 사랑의 마음으로 정성을 다해 수놓은 방석일 것이다.

주님은 성도들의 사랑의 헌신을 결코 소홀히 다루지 않으신다. 왕의 행차를 위해 솔로몬의 가마를 아름답게 수놓은 왕궁의 여인들의 마음이 그랬던 것처럼, 예수께서 다시 오실 때 성도들의 마음이 주님께 대한 사랑과 믿음으로 충만하며, 하나님 나라를 위해 자신에게 맡겨진 사명을 충성스럽게 감당하기를 바라실 것이다.

"내가 속히 오리니 네가 가진 것을 굳게 잡아 아무도 네 면류관을 빼앗지 못하게 하라. 이기는 자는 내 하나님 성전에 기둥이 되게 하리니 그가 결코 다시 나가지 아니하리라. 내가 하나님의 이름과 하나님의 성 곧 하늘에서 내 하나님께로부터 내려오는 새 예루살렘의 이름과 나의 새 이름을 그이 위에 기록하리라"(요한계시록 3:11,12)

왕의 왕관

3:11 "시온의 딸들아 나와서 솔로몬 왕을 보라 혼인날 마음이 기쁠 때에 그의 어머니가 씌운 왕관이 그 머리에 있구나"(술람미)

11 Come out, and look, you daughters of Zion. Look on King Solomon wearing a crown, the crown with which his mother crowned him on the day of his wedding, the day his heart rejoiced.

이는 술람미 여인이 외치는 말이다. 그는 왕의 사랑을 혼자 누리기에 너무나 벅차다. 왕의 아름다움을 다른 사람들에게 선포하며 그들도 왕을 사랑하고 영광 돌리기를 원한다. '그의 혼인을 기뻐하며 왕에게 왕관을 씌워준 어머니는 누구인가?

여기 어머니의 역할은 이스라엘 결혼 풍습의 일면을 보여주는 것이며, 예수님의 육신의 모친 마리아를 의미하는 것은 아니다. 마리아는 예수 그리스도의 성육신 탄생을 위해 특별히 택함 받은 여인이다. 그는 예수님의 육신의 어머니이며, 우리가 존중히 여기고 사랑해야 할 분이지만, 그 역시 구주의 은혜가 필요한 우리와 성정이 같은 한 사람일 뿐이다. 그는 특별한 신적 권위를 가진 분이 아니라 특별히 하나님께 택함 받은 복 있는 분이며, 구주(God my Savior)를 필요로 한 분이었고, 자신을 비천한 여종이라고 했다(누가복음 1:47-48).

그리스도께 왕의 권위를 부여하신 분은 오직 하나님 한 분뿐이며, 어머니로 비유한 성령의 역사로 이해하는 것이 옳을 것이다. 성령께서 그리스도를 영화롭고 존귀하게 하신다.

"그 눈은 불꽃같고 그 머리에는 많은 관들이 있고 또 이름 쓴 것 하나가 있으니 자기밖에 아는 자가 없고……"(요한계시록 19:12)

새벽

얼마나 고대했는지
새벽 빛 타고
주님 오시는 줄 알아.

이제 바라보니
주님 옷자락 붙들고
새벽이 오네.

최혜숙 시집 《뽈라성 사람들》 중에서

1 내 사랑 너는 어여쁘고 어여쁘다. 너울 속에 있는 네 눈이 비둘기 같고 네 머리털은 길르앗 산 기슭에 누운 염소 떼 같구나.

2 네 이는 목욕장에서 나오는 털 깎인 암양 곧 새끼 없는 것은 하나도 없이 각각 쌍태를 낳은 양 같구나.

3 네 입술은 홍색 실 같고 네 입은 어여쁘고 너울 속의 네 뺨은 석류 한 쪽 같구나.

4 네 목은 무기를 두려고 건축한 다윗의 망대 곧 방패 천 개, 용사의 모든 방패가 달린 망대 같고,

5 네 두 유방은 백합화 가운데서 꼴을 먹는 쌍태 어린 사슴 같구나.

6 날이 저물고 그림자가 사라지기 전에 내가 몰약 산과 유향의 작은 산으로 가리라.

7 나의 사랑 너는 어여쁘고 아무 흠이 없구나.

8 내 신부야 너는 레바논에서부터 나와 함께 하고 레바논에서부터 나와 함께 가자. 아마나와 스닐과 헤르몬 꼭대기에서 사자 굴과 표범 산에서 내려오너라.

9 내 누이, 내 신부야 네가 내 마음을 빼앗았구나. 네 눈으로 한 번 보는 것과 네 목의 구슬 한 꿰미로 내 마음을 빼앗았구나.

10 내 누이, 내 신부야 네 사랑이 어찌 그리 아름다운지, 네 사랑은 포도주보다 진하고 네 기름의 향기는 각양 향품보다 향기롭구나.

11 내 신부야 네 입술에서는 꿀 방울이 떨어지고 네 혀 밑에는 꿀과 젖이 있고 네 의복의 향기는 레바논의 향기 같구나.

12 내 누이, 내 신부는 잠근 동산이요 덮은 우물이요 봉한 샘이로구나.

13 네게서 나는 것은 석류나무와 각종 아름다운 과수와 고벨화와 나도풀과

14 나도와 번홍화와 창포와 계수와 각종 유향목과 몰약과 침향과 모든 귀한 향품이요,

15 너는 동산의 샘이요 생수의 우물이요 레바논에서부터 흐르는 시내로구나.

16 북풍아 일어나라 남풍아 오라 나의 동산에 불어서 향기를 날리라. 나의 사랑하는 자가 그 동산에 들어가서 그 아름다운 열매 먹기를 원하노라.

내사랑 너는 어여쁘고 어여쁘다

4:1 "내 사랑 너는 어여쁘고도 어여쁘다. 너울 속에 있는 네 눈이 비둘기 같고 네 머리털은 길르앗 산 기슭에 누운 염소 떼 같구나"(솔로몬)

1 How beautiful you are, my darling! Oh, how beautiful! Your eyes behind your veil are doves. Your hair is like a flock of goats descending from the hills of Gilead.

결혼식을 올린 솔로몬과 술람미는 이제 신방에서 첫날밤을 맞는다. 신랑은 신부의 아름다움에 대해 찬사를 보낸다. 시골에서 포도원을 가꾸며 햇볕에 얼굴이 검게 타버린 여인이었지만 왕의 눈에는 어여쁘기 그지없다. 흰 비둘기 같은 눈과 검은 염소 떼 같은 머리 빛깔은 조화를 이루며 아름다움을 더한다.

신부는 구약의 이스라엘, 신약시대의 교회로 혹은 성도 한 사람, 한 사람을 의미한다. 실제 이스라엘이나, 현재 교회의 모습, 우리 자신의 모습이 이처럼 하나님 앞에 아름답지 못하다. 하나님께서는 그러나 지금의 모습이 아니라 온전히 변화된 천상의 모습을 현재적으로 보시는 분이시다.

그 모습은 하나님 앞에 사랑스럽고 아름답다. 너울은 중동의 여인들이 겸양의 표시로 혹은 여성스러움의 표시로 머리와 얼굴을 가리는 수건이다. 어떤 여인들은 눈만 내놓기 때문에 눈의 아름다움이 강조되기도 한다. 눈이 비둘기 같다는 말은 순결성, 온유함, 정직함을 말해준다. 이는 그리스도의 신부의 속 사람의 성결하고 온유한 아름다움을 말한다.

너울 사이로 흘러내린 여인의 머리카락의 아름다움은 길르앗산 기슭에 누운 검은 염소 떼에 비유하고 있다. 여성의 긴 머리카락은 순종의 덕을 표현하며, 여성다움, 즉 그리스도인다움의 의미로 이해할 수 있다(고린도전서 11:10,15 디모데전서 2:11 참조).

"오직 마음에 숨은 사람을 온유하고 안정한 심령의 썩지 아니할 것으로 하라 이는 하나님 앞에 값진 것이니라"(베드로전서 3:4)

목욕장에서 나온 암양 같아라

4:2 "네 이는 목욕장에서 나온 털 깎인 암양 곧 새끼 없는 것은 하나도 없이 각각 쌍태를 낳은 양 같구나"(솔로몬)

Your teeth are like a flock of sheep just shorn, coming up from the washing. Each has its twin; not one of them is alone.

신부의 치아를 본다는 것은 아마도 웃을 때가 아니겠는가? 신부의 웃는 모습은 기쁨과 행복, 그리고 반가움을 표현한다. 주님은 성도들이 주님을 기뻐하며, 찬양하며, 웃으며 바라볼 때 그렇게 느끼실 것 같다. 신부의 치아(teeth 복수형)가 마치 하얀 쌍둥이 새끼를 품은 암 양을 연상하듯 신부의 윗니, 아랫니가 가지런히 한 쌍을 이루는 모습을 신랑은 아주 사랑스럽게 보고 있다.

어떤 양인가? 목욕을 하고 나온 털 깎인 암 양 같다. 흰 털을 가진 양이지만 자주 더럽혀지기도 한다. 그러나 목욕을 하면 더욱 하얗게 빛날 것이다. 물과 성령으로 거듭난 성도의 아름다움과 순결함을 의미한다.

그 양은 새끼를 잘 낳는 양이며 늘 쌍둥이 새끼를 낳아 주인을 흡족하게 한다. 이 양이 새끼를 낳은 후 깨끗하게 씻고 나온 모습처럼 주인에게 사랑스럽듯이 술람미 여인의 웃는 모습은 왕의 마음을 흡족하고 기쁘게 한다. 복음을 전하며 영적인 자녀들을 많이 낳아 기르는 그리스도인들을 흡족하게 바라보시는 주님의 마음이 표현되어 있다.

"지혜 있는 자는 궁창의 빛과 같이 빛날 것이요 많은 사람을 옳은 데로 돌아오게 한 자는 별과 같이 영원토록 빛나리라"(다니엘 12:3)

네 입술은 홍색 실 같고

4:3 "네 입술은 홍색 실 같고 네 입은 어여쁘고 너울 속의 네 뺨은 석류 한 쪽 같구나"(솔로몬)

Your lips are like a scarlet ribbon; your mouth is lovely. Your temples behind your veil are like the halves of al pomegranate.

홍색 실은 여리고 성의 기생 라합이 창문에 매달았던 홍색 실을 연상하게 한다(여호수아 2:18, 21).

여인의 입술은 가장 아름다움을 돋보일 수 있는 부분임을 강조한다는 문자적 해석도 있다. 그러나 주님을 바라보며 찬양하고 기도하는 성도의 입술, 주님의 피 묻은 복음을 전하며, 진실한 말, 선한 말을 하는 입술을 주님은 가장 아름답게 보시지 않겠는가?

너울 속에 살짝 감추어진 두 뺨은 쪼개어 놓은 석류 껍질 속에서 보석처럼 반짝이는 빨간 석류열매 같다고 하신다. 고대 이스라엘을 비롯한 근동 문화에서 석류는 장식 문양으로 많이 사용되었다. 제사장의 겉옷 술에도 석류 문양이 있다. 한편 석류는 사과와 더불어 '사랑의 약'으로 각광을 받았다고 한다. 이런 명성 때문인지 고대 근동에서는 '생명의 상징'으로 여겼다.

신부의 너울 속에 살짝 감추어진 뺨을 석류 한 쪽에 비유한 것은 이러한 의미를 포함하고 있는 것 같다.

자신의 아름다움을 스스로 드러내지 않아도, 또 세상에서는 그의 선한 행실이 감추어져도, 이러한 속사람의 모습을 가진 성도들이 주님 보시기에 얼마나 아름다운가? 얼마나 보배처럼 기뻐하시고 사랑스러워 하시겠는가?

"네가 내 눈에 보배롭고 존귀하며 내가 너를 사랑하였은즉 내가 네 대신 사람들을 내어 주며 백성들이 네 생명을 대신하리니"(이사야 43:4)

다윗의 망대

4:4 "네 목은 무기를 두려고 건축한 다윗의 망대 곧 방패 천 개, 용사의 모든 방패가 달린 망대 같고"(솔로몬)

4 Your neck is like the tower of David, built with courses of stone; on it hang a thousand shields, all of them shields of warriors.

앞의 3가지는 술람미 여인의 여성스러운 아름다움을 묘사했다고 한다면, 여기서는 매우 남성적인 기품을 묘사한다. 목은 그 사람의 중심과 기개를 나타내는 부분이다. 그리스도의 신부는 여성적인 아름다움과 섬세함도 있지만 남성적인 기품과 주의 군사로서의 강인함을 소유한 자들이다.

다윗의 망대는 하나님의 나라를 지키는 파수꾼들의 임지이며, 다윗의 후손, 곧 그리스도의 휘하의 군대임을 보여준다. 그의 목은 망대 같다는 표현은 적에게 작은 틈도 주지 않는, 영적인 깨어있음을 말해주며, 언제든지 전쟁에 나갈 수 있는 준비를 갖추고 있다. 방패가 왜 천 개인가? 그것은 숫자적 의미라기 보다 '완전함' '충만함'을 뜻한다.

적군이 오면 도망 가기에 바쁜 나약한 오합지졸의 모습이 아니라 적의 침략에 대응할 수 있는 완전한 영적 무장을 갖춘 군사의 모습을 주님께서 기뻐하신다.

"너는 그리스도 예수의 좋은 병사로 나와 함께 고난을 받으라. 병사로 복무하는 자는 자기 생활에 얽매이는 자가 하나도 없나니 이는 병사로 모집한 자를 기쁘게 하려 함이라"(디모데후서 2:3,4)

"그러므로 하나님의 전신갑주를 취하라 이는 악한 날에 너희가 능히 대적하고 모든 일을 행한 후에 서기 위함이라"(에베소서 6:13)

쌍태 어린 사슴

4:5 "네 두 유방은 백합화 가운데서 꼴을 먹는 쌍태 어린 사슴 같구나"(솔로몬)

Your breasts are like two fawns, like twin fawns of a gazelle that browse among the lilies.

신랑의 눈에 보이는 신부의 가슴은 쌍둥이 어린 사슴과 같다. 어린 사슴이 가지는 젊음, 신선함, 민첩함의 이미지와 함께 풍성한 생명감으로 충만함을 암시한다. 그러나 이러한 문자적인 해석보다 우리에게는 영적, 상징적 의미가 더 크다.

술람미 여인으로 비유된 교회(성도)는 아름답고 성숙한 그리스도의 신부이며, 동시에 하나님의 자녀들을 낳고 기르는 어머니의 역할을 한다.

이사야 66장 10절에서는 참다운 신부인 교회(성도)를 예루살렘에 비유하고 있다. 11절에는 "너희가 젖을 빠는 것 같이 그 위로하는 품에서 만족하겠고 젖을 넉넉히 빤 것 같이 그 영광의 풍성함으로 말미암아 즐거워하리라"고 했다(13절 까지 참조).

여인의 성숙함은 어머니가 될 때 가장 그 아름다운 모습을 나타낸다. 육적으로나 영적으로나(심지어 동물의 세계까지) 하나님의 사랑이 이 땅에서 가장 잘 표현된 존재가 어머니라 할 수 있다.

주님의 눈은 장차 성숙한 교회(성도), 성령으로 충만한 교회(성도)가 자녀를 낳고 신령한 젖을 먹여 영적 생명력이 풍성한 자녀들로 길러내는 어머니의 아름다운 모습으로 바라보시며 흡족해 하신다.

"갓난 아기들 같이 순전하고 신령한 젖을 사모하라 이는 그로 말미암아 너희로 구원에 이르도록 자라게 하려 함이라. 너희가 주의 인자하심을 맛보았으면 그리하라"(베드로전서 2:2,3)

몰약산과 유향의 작은 산

4:6 "날이 저물고 그림자가 사라지기 전에 내가 몰약 산과 유향의 작은 산으로 가리라"(솔로몬)

Until the day breaks and the shadows flee, I will go to the mountain of myrrh and to the hill of incense.

다소 어려운 해석이다. '몰약산'과 '유향 언덕'은 실제 지명이 아닌 것 같다. 신부와의 첫날 밤을 맞는 신랑의 어떤 약속처럼 보인다.

많은 해석가들의 견해는 '한 날이 지나가고 그림자가 사라짐은 곧 새로운 날(신약시대)이 올 것을 내다보는 말씀이며, 신랑 예수 그리스도와 신부인 교회(성도)의 언약관계를 이루는 일에 비유한다는 것이다. 신약 시대의 복음 운동은 하나님과 사람 사이에 향기처럼 기쁜 관계를 성립시키며 영적 교통이 활짝 열린다는 것이다.[4]

---

4   박윤선 아가서 주석, 영음사, p.158

'몰약산과 유향의 작은 산'은 무엇을 의미하는가? 예수 그리스도께서 십자가에 찢기시고 피 흘리신 갈보리산, 성령의 이끄심을 따라 기도하시던 겟세마네 동산을 떠오르게 한다. 이처럼 예수 그리스도의 구속의 역사는 우리 성도에게 가장 향기롭고 영원한 향기를 나타내며, 하나님과 우리와의 관계를 새롭게 하신 길이요, 진리요, 생명이 되신다.

주님의 은혜를 입은 그리스도인은 그의 안에 예수 그리스도께서 거하심으로 세상 속에서 생명에 이르게 하는 향기를 나타내게 하신다.

"항상 우리를 그리스도 안에서 이기게 하시고 우리로 말미암아 각처에서 그리스도를 아는 냄새를 나타내시는 하나님께 감사하노라. 우리는 구원 받는 자들에게나 망하는 자들에게나 하나님 앞에서 그리스도의 향기니 이 사람에게는 사망으로부터 사망에 이르는 냄새요 저 사람에게는 생명으로부터 생명에 이르는 냄새라 누가 이 일을 감당하리요"(고린도후서 2:14-16)

흠 없는 신부

4:7,8 "나의 사랑 너는 어여쁘고 아무 흠이 없구나. 내 신부야 너는 레바논에서부터 나와 함께 하고 레바논에서부터 나와 함께 가자. 아마나와 스닐과 헤르몬 꼭대기에서 사자 굴과 표범 산에서 내려오너라"(솔로몬)

7 You are altogether beautiful, my darling; there is no flaw in you. 8 Come with me from Lebanon, my bride, come with me from Lebanon. Descend from the crest of Amana, from the top of Senir, the summit of Hermon, from the lions' dens and the mountain haunts of leopards.

결혼식을 올린 솔로몬과 술람미는 이제 신방에서 서로를 마주하고 있다. 햇볕에 검게 탄 술람미 여인이지만 신랑은 그녀에게 '아무 흠이 없이 아름답다'고 고백한다.

이 세상에 있는 동안 신자들의 인격은 불완전하고 흠이 많다. 그러나 하나님께서 그리스도 안에서 보실 때 그들을 아름답고 무흠하게 보시며, 의롭다고 하신다. "하나님이 죄를 알지도 못하신 이를 우리를 대신하여 죄로 삼으신 것은 우리로 하여금 그 안에서 하나님의 의가 되게 하려 하심이라"(고린도후서 5:21).

레바논은 고급 목재로 유명한 곳이다. 무엇을 상징하는지는 확실하지 않지만 '세상'이라고 이해하면 좋을 것 같다. 우리가 주님과 함께 걸어가기 위해 떠나야 할 곳은 세상이기 때문이다. 아마나와 스닐과 헤르몬 꼭대기 역시 해석하기 어렵다. 그러나 그곳은 사자의 굴, 표범의 산이라고 말해주듯이 영적으로 해롭고 죽임 당할 수 있는 위험한 곳이 아니겠는가?

어떤 성경은 '내려오너라(descend)'를 '내려다 보아라'로 쓰고 있다. 히브리어의 의미는 '떠나다'이다.[5] 영적으로 사나운 짐승이 노리고 있는 위험한 곳으로부터 그리스도인들은 주님께 순종하여 떠나야 한다. 세상 풍요로움의 유혹과 사탄의 위험으로부터 떠나 항상 주와 함께 가기 주님은 원하신다.

"간음한 여인들아 세상과 벗된 것이 하나님과 원수 됨을 알지 못하느냐 그런즉 누구든지 세상과 벗이 되고자 하는 자는 스스로 하나님과 원수 되는 것이니라"(야고보서 4:4)

---

5   "아마나와 스닐과 헤르몬 꼭대기에서 사자굴과 표범산에서 내려다보아라" 여기 "내려다 보아라"라고 번역된 것은 히브리어(תָּשׁוּרִי) '떠나다'라고 개역되어야 한다. 아마나, 스닐, 헤르몬은 죄악의 소굴이라고 할 만큼 그곳에는 잔인 무도한 악당들이 살았다(박윤선 '아가서 주석' p.159 영음사)

신부의 향기

4:9-11 "내 누이, 내 신부야 네가 내 마음을 빼앗았구나. 네 눈으로 한 번 보는 것과 네 목의 구슬 한 꿰미로 내 마음을 빼앗았구나. 내 누이, 내 신부야 네 사랑이 어찌 그리 아름다운지 네 사랑은 포도주보다 진하고, 네 기름의 향기는 각양 향품보다 향기롭구나. 내 신부야 네 입술에서는 꿀 방울이 떨어지고 네 혀 밑에는 꿀과 젖이 있고 네 의복의 향기는 레바논의 향기 같구나"(솔로몬)

9 You have stolen my heart, my sister, my bride; you have stolen my heart with one glance of your eyes, with one jewel of your necklace. 10 How delightful is your love, my sister, my bride! How much more pleasing is your love than wine, and the fragrance of your perfume more than any spice! 11 Your lips drop sweetness as the honeycomb, my bride; milk and honey are under your tongue. The fragrance of your garments is like the fragrance of Lebanon.

신부는 눈빛 하나로 신랑을 완전히 무장해제 시킨다. 그의 목걸이 하나 까지도 온 마음을 빼앗는다. "너는 내 마음을 빼앗았다"는 말은 "너는 내 마음에 불을 붙였다"로 번역되기도 한다.

주님은 자기를 신뢰하고 순종하여 따르는 자들을 사랑하시고 기뻐하신다. 그러한 신자들을 신부라고 부르시며, 그들이 주님을 향해 사랑으로 바라보는 눈과 주님을 위해 단장한 심령의 아름다움에 마음을 빼앗긴다고 표현하신다.

주님을 향한 그들의 사랑하는 마음은 포도주보다 진하고, 성령으로 충만한 언행은 어떤 향품보다 향기롭다고 하신다. 신자의 기도하고 찬양하는 입술은 꿀 방울이 떨어지고, 말씀을 전하는 혀 밑에는 젖과 꿀의 샘이 있다고 표현하신다. 그들의 행실과 인품, 모든 것이 주님께 향기롭다고 하신다.

모든 은혜가 주님께로부터 온 것이요, 주께 받은 것이지만, 성도가 주님의 뜻대로 변화되고 사명을 행할 때 주님께 큰 기쁨이 됨을 노래하고 있다.

"오직 위로부터 난 지혜는 첫째 성결하고 다음에 화평하고 관용하고 양순하며 긍휼과 선한 열매가 가득하고 편견과 거짓이 없나니 화평하게 하는 자들은 화평으로 심어 의의 열매를 거두느니라"(야고보서 3:17,18)

내 신부는 잠근 동산

4:12 "내 누이, 내 신부는 잠근 동산이요 덮은 우물이요 봉한 샘이로구나(솔로몬)
You are a garden locked up, my sister, my bride; you are a spring enclosed, a sealed fountain.

솔로몬은 자신의 신부를 누이라고 불렀다. 예수께서도 신자들을 '나의 형제요, 자매요, 어머니'라고 하셨다(마태복음 12:50). 교회(성도)는 하나님 안에서는 자매지만 동시에 그리스도의 신부이다.

신랑은 신부를 가리켜 세 가지로 표현했는데, '잠근 동산, 덮은 우물, 봉한 샘'이라 했다. 이는 신부의 순결성을 표현하는 비유이다. 신부가 오직 한 남편을 위해 정절을 지킴 같이 교회(성도)는 세상으로부터 성별 되어야 함을 뜻한다.

오직 한 분 주님만이 그의 소유이기 때문이다. 신랑 외의 그 어떤 존재에게도 '동산, 우물, 샘'을 열어주지 않는다. 이는 사랑의 순결성, 믿음의 견고성을 강조하고 있다.

하나님의 은혜와 사랑을 받은 신자는 끝까지 약속의 말씀을 믿으며, 신앙의 정절을 지켜야 한다. 특히 마지막 때는 성도들이 예수님의 이름 때문에 모든 민족에게 미움을 받게 되며, 박해를 받고, 많은 사람들이 실족하여 서로 잡아주고, 미워하며, 거짓 선지자들의 미혹과 불법이 성하여 사랑이 식어진다고 하셨다. 그러나 끝까지 믿음을 지키고 견디는 자는 구원을 얻으리라고 하셨다.(마태복음 24:9-13).

"그러나 사데에 그 옷을 더럽히지 아니한 자 몇 명이 네게 있어 흰 옷을 입고 나와 함께 다니리니 그들은 합당한 자인 연고라. 이기는 자는 이와 같이 흰 옷을 입을 것이요 내가 그 이름을 생명책에서 결코 지우지 아니하고 그 이름을 내 아버지 앞과 그의 천사들 앞에서 시인하리라"(요한계시록 3:4,5)

레바논에서 흐르는 시내

4:13-15 "네게서 나는 것은 석류나무와 각종 아름다운 과수와 고벨화와 나도 풀과 나도와 번홍화와 창포와 계수의 각종 유향목과 몰약과 침향과 모든 귀한 향품이요 너는 동산의 샘이요 생수의 우물이요 레바논에서부터 흐르는 시내로구나"(솔로몬)

13 Your plants are an orchard of pomegranates with choice fruits, with henna and nard, 14 nard and saffron, calamus and cinnamon, with every kind of incense tree, with myrrh and aloes and all the finest spice. 15 You are a garden fountain, a well of flowing water streaming down from Lebanon.

　아름다운 과수, 곱고 향기로운 꽃과 풀들, 맑은 시냇물, 이와 같이 기쁨을 주고 생명을 주는 동산은 모든 사람들에게 개방되는 것은 아니다. 이것은 전적으로 동산 주인의 소유이기 때문이다. 이러한 것들은 성도들의 심령에 있어야 할 거룩한 성령의 은혜에 비유된다.

맑고 깨끗한 동산의 샘, 생수의 우물, 흐르는 시내는 동산의 나무들과 꽃들과 풀들을 자라게 하며 낙원을 만들어 간다. 이 물은 고여 있는 물이 아니라 끊임없이 솟아나고 흘러내리는 생명력을 가지고 있다.

사도 요한은 환상 중에 본 천국의 모습을 이와 같이 묘사한다. "또 그가 수정 같이 맑은 생명수의 강을 내게 보이니 하나님과 및 어린 양의 보좌로부터 나와서 길 가운데로 흐르더라. 강 좌우에 생명나무가 있어 열 두 가지 열매를 맺되 달마다 그 열매를 맺고 그 나무 잎사귀들은 만국을 치료하기 위하여 있더라"(요한계시록 22:1,2)

이는 모든 생명의 근원이 하나님께로부터 비롯된다는 것을 말해 주고 있다. 이 성품은 교회(성도)의 내면으로 흐른다. 교회(성도)가 고인 물이 되어 생명력을 잃어버리면 그의 내면은 세속화 되고, 그의 삶은 폐허를 만들 뿐이다.

"이 강물이 이르는 곳마다 번성하는 모든 생물이 살고 또 고기가 심히 많으리니 이 물이 흘러 들어가므로 바닷물이 되살아나겠고 이 강이 이르는 각처에 모든 것이 살 것이며……강 좌우 가에는 각종 먹을 과실 나무가 자라서 그 잎이 시들지 아니하며 열매가 끊이지 아니하고 달마다 새 열매를 맺으리니 그 물이 성소를 통하여 나옴이라. 그 열매는 먹을 만하고 그 잎사귀는 약 재료가 되리라"(에스겔 47:9,12)

향기로운 동산에서

4:16 "북풍아 일어나라 남풍아 오라 나의 동산에 불어서 향기를 날리라. 나의 사랑하는 자가 그 동산에 들어가서 그 아름다운 열매 먹기를 원하노라"(술람미)

16 Awake, north wind, and come, south wind! Blow on my garden, that its fragrance may spread everywhere. Let my beloved come into his garden and taste its choice fruits.

성령의 역사와 은혜를 앞에서는 샘물, 우물, 시내, 등 '물'로 표현했다면, 여기서는 북풍, 남풍 등 동산에 부는 '바람'으로 묘사하고 있다.

바람은 변함없이 계절을 따라 알맞게 불어온다. 북풍은 구름을 몰아내어 하늘을 맑게 한다. 남풍은 기후를 따뜻하게 만들어 곡식과 과일을 익게 한다.

이와 같이 성령께서 심령에 내주하시면 북풍처럼 내 마음 깊은 곳에 있던 의심, 두려움, 죄의식을 몰아내어 깨끗하게 하시고, 또

남풍같이 오셔서 완악한 마음, 굳어진 마음을 부드럽고, 따뜻하게 변화시켜 주신다.

우리가 간절히 원하는 것은 세상의 거센 바람 속에서도 나의 심령과 삶이 변화되어 아름답고 향기로운 성령의 열매를 맺으므로 하나님께서 기뻐하시며 영광을 받으시는 것이다.

4장에서는 사랑하는 남녀의 깊은 밀애를 통해 서로의 사랑과 신뢰를 확인하며 함께 기쁨과 즐거움을 나누는 것에 대한 내용이다. 신랑, 신부의 육체적 연합을 통해 그리스도와 교회(성도)의 영적인 하나됨의 비밀을 제시하고 있다.

그리스도와 교회(성도)의 신비로운 연합에 관해 예수 그리스도께서는 포도나무와 가지로 비유하셨다. "나는 포도나무요 너희는 가지라 그가 내 안에 내가 그 안에 거하면 사람이 열매를 많이 맺나니 나를 떠나서는 너희가 아무 것도 할 수 없음이라"(요한복음 15:5).

"그러므로 사람이 부모를 떠나 그의 아내와 합하여 그 둘이 한 육체가 될지니 이 비밀이 크도다. 나는 그리스도와 교회에 대하여 말하노라. 그러나 너희도 각각 자기의 아내 사랑하기를 자신 같이 하고 아내도 자기 남편을 존경하라"(에베소서 5:31-33)

꿈

내 님 손잡고
구만리 가네.

어디로 가는지
알지 못하고
얼마나 가야는 지
알지 못하나

내 님의 손
너무나 따사로워
묻지도 않고
묻고 싶지도 않으니

내 님 손 잡고
구 만리 가네.

최혜숙 시집 《뽈라성 사람들》 중에서

1 내 누이 내 신부야 내가 내 동산에 들어와서 나의 몰약과 향 재료를 거두고 나의 꿀송이와 꿀을 먹고 내 포도주와 내 우유를 마셨으니, 나의 친구들아 먹으라 나의 사랑하는 사람들아 많이 마시라.

2 내가 잘지라도 마음은 깨었는데 나의 사랑하는 자의 소리가 들리는구나. 문을 두드려 이르기를 나의 누이, 나의 사랑, 나의 비둘기, 나의 완전한 자야 문을 열어 다오. 내 머리에는 이슬이, 내 머리털에는 밤 이슬이 가득하였다 하는구나.

3 내가 옷을 벗었으니 어찌 다시 입겠으며 내가 발을 씻었으니 어찌 다시 더럽히랴마는

4 내 사랑하는 자가 문틈으로 손을 들이밀매 내 마음이 움직여서

5 일어나 내 사랑하는 자를 위하여 문을 열 때 몰약이 내 손에서 몰약의 즙이 내 손가락에서 문빗장에 떨어지는구나.

6 내가 내 사랑하는 자를 위하여 문을 열었으나 그는 벌써 물러갔네 그가 말할 때에 내 혼이 나갔구나. 내가 그를 찾아도 못 만났고 불러도 응답이 없었노라.

7 성안을 순찰하는 자들이 나를 만남에 나를 쳐서 상하게 하였고 성벽을 파수하는 자들이 나의 겉 옷을 벗겨 가졌도다.

8 예루살렘 딸들아 너희에게 내가 부탁한다. 너희가 내 사랑하는 자를 만나거든 내가 사랑하므로 병이 났다고 하려무나.

9 여자들 가운데에 어여쁜 자야 너의 사랑하는 자가 남의 사랑하는 자보다 나은 것이 무엇인가 너의 사랑하는 자가 남의 사랑하는 자보다 나은 것이 무엇이기에 이같이 우리에게 부탁하는가?

10 내 사랑하는 자는 희고도 붉어 많은 사람 가운데에 뛰어나구나.

11 머리는 순금 같고 머리털은 고불고불하고 까마귀 같이 검구나.

12 눈은 시냇가의 비둘기 같은데 우유로 씻은 듯하고 아름답게도 박혔구나.

13 뺨은 향기로운 꽃밭 같고 향기로운 풀 언덕과도 같고 입술은 백합화 같고 몰약의 즙이 뚝뚝 떨어지는 구나.

14 손은 황옥을 물린 황금 노리개 같고 몸은 아로새긴 상아에 청옥을 입힌 듯하구나. 다리는 순금 받침에 세운 화반석 기둥 같고 생김새는 레바논 같으며 백향목처럼 보기 좋고

16 입은 심히 달콤하니 그 전체가 사랑스럽구나. 예루살렘 딸들아 이는 내 사랑하는 자요 나의 친구로다.

주님의 초대

5:1 "내 누이, 내 신부야 내가 내 동산에 들어와서 나의 몰약과 향 재료를 거두고 나의 꿀송이와 꿀을 먹고 내 포도주와 내 우유를 마셨으니 나의 친구들아 먹으라 나의 사랑하는 사람들아 많이 마시라"(솔로몬)

1 I have come into my garden, my sister, my bride; I have gathered my myrrh with my spice. I have eaten my honeycomb and my honey; I have drunk my wine and my milk. Eat, friends, and drink; drink your fill of love.

여기 5장 1절은 4장 마지막 절과 연결되어 시(詩)의 일단락이 끝나는 것 같다. '내 동산'이란 신부 자신을 말하며, 동산에 '들어간다'는 말은 신랑이 신부와 첫날 밤을 치르는 것을 의미한다. 신랑은 신부와의 행복한 시간을 즐기고 친구들과 함께 잔치를 벌인다.

하나님의 나라는 혼자 즐기는 나라가 아니라 주님과 성도들이, 성도와 성도들이 함께 기쁨과 즐거움을 나누는 나라이다. 주님은 자신의 기쁨을 사랑하는 성도들과 함께 나누며, 함께 누리기를 원하신다. 주님의 동산은 풍성하며, 향기로우며, 아름답다.

　주님께서 잡히시던 전날 예루살렘에서 빌린 한 다락방에서 제자들과 함께 떡과 포도주를 나누었다. 그것은 주께서 자신의 죽으심을 제자들에게 알리는 이 땅에서의 마지막 만찬이었다. 위의 풍성하고 즐거운 교제의 식탁에 비교하면 너무나 마음 아픈 소박한 식사였다.

　예수 그리스도의 죽으심과 부활이 없었다면 우리는 풍성하고 기쁨에 넘치는 천국잔치를 결코 누릴 수 없다. 지금 우리는 교회(성령)를 통해 말씀의 은혜 가운데서, 성도의 사랑의 교제 가운데서 천국의 기쁨을 부분적으로 맛보고 있을 뿐이다.

"오호라 너희 모든 목마른 자들아 물로 나아오라 돈 없는 자도 오라 너희는 와서 사 먹되 돈 없이, 값 없이 와서 포도주와 젖을 사라"(이사야 55:1)

영적 나태함을 깨우심

5:2 "내가 잘지라도 마음은 깨었는데 나의 사랑하는 자의 소리가 들리는구나 문을 두드려 이르기를 나의 누이, 나의 사랑, 나의 비둘기, 나의 완전한 자야 문을 열어 다오 내 머리에는 이슬이, 내 머리털에는 밤 이슬이 가득하였다 하는구나"(술람미)

I slept but my heart was awake. Listen! My beloved is knocking: "Open to me, my sister, my darling, my dove, my flawless one. My head is drenched with dew, my hair with the dampness of the night."

5장 1절과 2절 사이에는 시간적, 혹은 상황적 간격이 있어 보인다. 아름답고 행복한 결혼을 했지만, 두 사람 사이에 어떤 심각한 갈등의 요소를 느낄 수 있다. 술람미는 반 수면 상태에 있었고, 신랑이 다가오는 것을 어렴풋이 알았지만, 일어나 그를 반갑게 맞아주지 않았다. 신랑이 문을 두드리며 밤새 이슬을 맞으면서 기다렸지만 끝내 신부가 문을 열어주지 않았다.

이 상황을 우리의 신앙생활에 비추어 이해해 보자. '잘지라도 마음은 깨었다'는 말은 그의 신앙생활이 긴장이 풀리고 무력해진 상태를 말해준다. 신실한 신자도 주님을 사랑하지만 육신에 이끌려 그의 삶이 잠에 빠진 듯 영적으로 무력해 질 수가 있다.

마태복음 25장에 열 처녀 중 지혜로운 다섯 처녀도, 어리석은 다섯 처녀도 신랑이 더디 오므로 다 졸며 잤다고 했다. 예수께서 십자가 죽음을 앞두시고 겟세마네 동산에서 기도하실 때 땀이 핏방울처럼 흐르도록 기도하셨다고 했다. 그러나 주님과 함께 했던 제자들은 한 시도 깨어있지 못하고 다 잠에 빠져 일어나지 못했다.(누가복음 22:45).

그런 상태에 있는 신자들에게 주님은 여전히 '나의 누이, 나의 사랑, 나의 비둘기, 나의 완전한 자'라고 부르신다. 주님의 사랑은 결코 변함이 없으시다. 주님께서는 그렇게 영적인 잠에 빠진 신자들을 내버려두시지 않고 문을 두드리신다.

"그런즉 깨어 있으라 너희는 그 날과 그 때를 알지 못하느니라"(마태복음 25:13)

육신의 안일함 속으로

5:3 "내가 옷을 벗었으니 어찌 다시 입겠으며 내가 발을 씻었으니 어찌 다시 더럽히랴마는"(술람미)

I have taken off my robe – must I put it on again? I have washed my feet – must I soil them again?

이 구절을 다시 직역한다면, "내가 옷을 이미 벗었는데 또 다시 입어야 하는가? 내가 내 발을 다 씻었는데 다시 흙을 묻혀야 하는가?" 이런 뜻이 된다. 2장 8-9절에서 사랑하던 이를 기다리던 술람미의 모습과는 매우 다르다. 그때는 멀리서 달려오는 그의 목소리까지 듣는다고 했다.

신자가 영적으로 힘을 잃는 것은 세상이 주는 육신적 편안함을 추구할 때이다. 이런 상태에서는 주님께서 부르시는 소리도 들리지 않고, 그 부르심을 듣는다 해도 선뜻 돌아설 마음이 없다. 신앙은 차지도 덥지도 않은 미지근한 상태가 된다. 그들은 주님을 맞아들일 것을 거부하고, 발을 씻고 안일한 침상에 빠져드는 것이다.

이런 모습은 신자 개인적으로 경험할 수도 있지만, 교회적으로도 이러한 안일주의에 빠질 수 있다. 마치 라오디게아교회와 같은 모습이다. 특히 목회자들이 영적으로 힘을 잃거나 잠들어 있으면 습관적이며, 형식적인 예배와 인위적인 친교가 되기 쉽다.

"네가 말하기를 나는 부자라 부요하여 부족한 것이 없다 하나 네 곤고한 것과 가련한 것과 가난한 것과 눈 먼 것과 벌거벗은 것을 알지 못하는도다. 내가 너를 권하노니 내게서 불로 연단한 금을 사서 부요하게 하고 흰 옷을 사서 입어 벌거벗은 수치를 보이지 않게 하고 안약을 사서 눈에 발라 보게 하라. 무릇 내가 사랑하는 자를 책망하여 징계하노니 그러므로 네가 열심을 내라 회개하라"(요한계시록 3:17-19)

몰약의 즙이 문빗장에

5:4,5 "내 사랑하는 자가 문틈으로 손을 들이밀매 내 마음이 움직여서 일어나 내 사랑하는 자를 위하여 문을 열 때 몰약이 내 손에서, 몰약의 즙이 내 손가락에서 문빗장에 떨어지는구나"(술람미)

4 My beloved thrust his hand through the latch-opening; my heart began to pound for him. 5 I arose to open for my beloved, and my hands dripped with myrrh, my fingers with flowing myrrh, on the handles of the bolt.

'문틈으로 손을 들이민다'는 말은 마음의 문을 여시기 위해 애쓰시는 주님의 모습을 연상하게 한다. 주님은 성령의 역사로 사랑하는 자의 마음을 일깨우시고 감동을 주신다. 주님의 은혜가 심령에 닿도록 애쓰시는 것이다.

심령의 변화를 가진 술람미는 자신의 안일함으로부터 깨어 일어나 사랑하는 자를 맞으려고 달려나간다. 문을 열 때 그녀의 손에서부터 몰약의 즙이 문빗장에 떨어진다. 어떤 학자는 이 몰약의 즙을 술람이의 것으로 해석하는데, 본인은 신랑의 것으로 이해한다.

　이스라엘의 문의 구조는 문빗장이 안쪽에 있고, 문의 구멍을 통해 손을 집어넣어 빗장을 연다고 한다. 남편은 아내가 문을 열어주지 않자 손을 넣어 잠금 장치의 핀을 올려보려고 애썼을 것이다. 그러나 잠금 장치의 핀을 올리며 동시에 문빗장을 옆으로 미는 것은 그리 쉬운 일이 아니다. 아마도 손목에 피가 흘렀을 지도 모른다.

　술람미 여인이 달려 가서 문을 열 때 사랑하는 자의 향취가 그녀의 손가락과 문빗장에 흠뻑 묻어나는 것을 시적으로 표현한다.

　이스라엘 백성은 예수님을 그들이 기다리던 메시아로 영접하지 않았고, 오히려 그를 십자가에 내어주기까지 했다. 그들은 영적으로 잠들어 있었고, 그들의 눈과 귀가 닫혀 있었기 때문에 주님을 보고 듣지 못했던 것이다.

"자기 땅에 오매 자기 백성이 영접하지 아니하였으나 영접하는 자 곧 그 이름을 믿는 자들에게는 하나님의 자녀가 되는 권세를 주셨으니……"(요한복음 1:11, 12)

사랑하는 자가 떠나고

5:6 "내가 내 사랑하는 자를 위하여 문을 열었으나 그는 벌써 물러갔네 그가 말할 때에 내 혼이 나갔구나 내가 그를 찾아도 못 만났고 불러도 응답이 없었노라"(술람미)

I opened for my beloved, but my beloved had left; he was one. My heart sank at his departure. I looked for him but did not find him. I called him but he did not answer.

사랑하는 자는 그의 향취를 남긴 채 떠나버렸다. 그래도 조금 자기를 이해해 주고 기다려줄지 알았나 보다. 그러나 술람미는 그 시간을 놓치고 말았다. 신랑은 밤새도록 아내의 이름을 수없이 부르면서 문을 두드렸다. 아내가 아무런 반응이 없자 결국 신랑은 그 자리를 떠나가 버리고 말았다.

술람미는 자기가 그 때 정신이 나갔던 것 같다고 후회했다. 그리고 사랑하는 자를 소리쳐 부르며 찾아 다녔다. 그분은 아마도 멀리

떠나버린 것 같다. 우리의 신앙생활에도 이와 같은 영적 위기가 올수 있다. 에베소교회와 같이 첫 사랑의 열정을 잃어버린 채 주님을 문밖에 세워놓고 있을 때가 얼마나 많은가?

주님은 인격적인 분이시고, 우리를 인격적으로 대하신다. 우리의 인격을 무시하고 폭군처럼 굴복시키는 분이 아니다. 문을 열 때까지 두드리시고, 문을 열면 기꺼이 들어가시는 분이시다.

성도의 나태함과 안일함이 계속되면 그의 영혼은 쇠약해지고 병들 수밖에 없다. 그는 명목상의 신자일뿐 생명력을 상실하여 마치 '사데교회'와 같게 된다. 주님 보시기에 그들은 '살았다 하는 이름은 가졌으나 죽은 자'라고 하셨다.

"너는 일깨어 그 남은 바 죽게 된 것을 굳건하게 하라. 내 하나님 앞에 네 행위의 온전한 것을 찾지 못하였노니 그러므로 네가 어떻게 받았으며 어떻게 들었는지 생각하고 지켜 회개하라. 만일 일깨지 아니하면 내가 도둑같이 이르리니 어느 때에 네게 이르는지 네가 알지 못하리라" (요한계시록 3:2-3)

사랑하는 이를 찾아

5:7 "성안을 순찰하는 자들이 나를 만나매 나를 쳐서 상하게 하였고 성벽을 파수하는 자들이 나의 겉옷을 벗겨 가졌도다"(술람미)

The watchmen found me as they made their rounds in the city. They beat me, they bruised me; they took away my cloak, those watchmen of the walls!

    술람미 여인은 자신의 나태함과 안일함에 빠져 사랑하는 자를 떠나게 했다. 그는 자신의 행동이 얼마나 잘못되고 정신 나간 일이었는지 뒤늦게 깨닫고 집을 뛰쳐나와 성중을 돌아다니며 사랑하는 자를 부르며 찾아 다녔다. 무관심과 나태함으로 상실된 사랑을 이제 부단한 노력으로써만 되찾을 수 있게 된 것이다.

    그의 사정을 알지 못한 파수꾼들은 그가 사랑하는 자의 이름을 부르며 미친 듯이 찾아 다닐 때 그를 비정상적인 여인으로 본 것 같다. 아마도 그에게 마음의 큰 상처를 주며 부끄러움을 느낄만한 말과 행동을 한 듯 하다.

우리는 이따금 주님을 소홀히 대하고 성령을 근심케 하므로 주님과의 관계가 잠시 깨어져버리는 경우를 겪을 수 있다. 주님은 성도의 회개를 기다리시며, 그의 진정한 회개를 결코 멸시하지 않으신다. 그러나 선을 행치 않은 것에 대한 징계와 고난이 따라올 수 있음을 우리는 기억해야 할 것이다.

이 구절을 이스라엘의 구속 역사와 연결시켜 읽을 수도 있다. 범죄한 이스라엘 백성을 떠나버리신 하나님, 그리고 하나님께 부르짖지만 응답해 주시지 않는 상황, 특히 이스라엘 백성을 인도하고 보호해야 할 의무가 있었던 왕과 종교지도자들이 오히려 죄악 중심에 서서, 백성들을 호도하는 역사를 여기서 엿볼 수 있다.[6]

"하나님의 성령을 근심하게 하지 말라. 그 안에서 너희가 구원의 날까지 인치심을 받았느니라"(에베소서 4:30)

"성령을 소멸하지 말라"(데살로니가전서 5:19)

6 김구원 〈가장 아름다운 노래〉, p. 229 기독교문서선교회

내 사랑하는 자를 만나거든

5:8,9 "예루살렘 딸들아 너희에게 내가 부탁한다. 너희가 내 사랑하는 자를 만나거든 내가 사랑하므로 병이 났다고 하려무나. 여자들 가운데 어여쁜 자야 너의 사랑하는 자가 남의 사랑하는 자보다 나은 것이 무엇인가 너의 사랑하는 자가 남의 사랑하는 자보다 나은 것이 무엇이기에 이같이 우리에게 부탁하는가?"(술람미/친구들)

8 Daughters of Jerusalem, I charge you – if you find my beloved, what will you tell him? Tell him I am faint with love. 9 How is your beloved better than others, most beautiful of women? How is your beloved better than others, that you so charge us?

술람미 여인은 사랑하는 분을 찾지 못해 병이 났다. 사랑하는 자와 헤어지고 나서야 그가 얼마나 귀하고 사랑스런 존재인가 알게 되었다. 술람미는 주님의 진정한 사랑을 모르는 육신에 속한 신자들에게까지 자신의 애타는 심정을 고백하지만 그들은 술람미를 이해하지 못하고 그를 비난하며 오히려 조롱한다.

은혜와 사랑을 많이 받은 신자들도 술람미 여인처럼 이렇게 잠시 죄악의 잠에 빠질 수 있다.

다윗도 안일함에 빠졌을 때 우리야의 아내 밧세바를 범하고, 우리야를 죽이는 죄악을 저질렀다. 그 죄악으로 인해 그는 얼마나 큰 고통과 긴 참회의 시간을 가져야만 했는가? 시편에 나오는 많은 참회의 시는 다윗이 이 사건 이후에 쓴 시라고 알려지고 있다. 시편 51편은 그가 잃어버린 기쁨과 즐거움을 다시 찾기 위해 통곡하며 회개하는 시이다.

"주의 얼굴을 내 죄에서 돌이키시고 내 모든 죄악을 지워주소서. 하나님이여 내 속에 정한 마음을 창조하시고 내 안에 정직한 영을 새롭게 하소서. 나를 주 앞에서 쫓아내지 마시며 주의 성령을 내게서 거두지 마소서. 주의 구원의 즐거움을 내게 회복시켜 주시고 자원하는 심령을 주사 나를 붙드소서"(시편 51:9-12)

사랑하는 자는 희고도 붉어

5:10-12 "내 사랑하는 자는 희고도 붉어 많은 사람 가운데에 뛰어나구나. 머리는 순금 같고 머리털은 고불고불하고 까마귀 같이 검구나. 눈은 시냇가의 비둘기 같은데 우유로 씻은 듯하고 아름답게도 박혔구나"(술람미)

10 My beloved is radiant and ruddy, outstanding among ten thousand. 11 His head is purest gold; his hair is wavy and black as a raven. 12 His eyes are like doves by the water streams, washed in milk, mounted like jewels.

술람미 여인은 사랑하는 이의 참 모습을 새롭게 깨달으며 사람들에게 고백하고 있다. 술람미가 고백하는 사랑하는 자의 전체 이미지는 희고도 붉다.

히브리어 '희다'의 의미는 '밝다' 혹은 '빛나다'이다. 태양의 경우처럼 흰색과 빛은 서로 밀접하게 연관되어 있다. 그의 전체적인 인상은 "눈이 부시다"는 뜻이며, 생명과 건강미를 나타낸다.

우리 신약 성도들이 영적으로 이해할 때 '희다'는 것은 주님의 신성과 성결성을 말해준다(요한일서 1:5, 마태복음 17:2). '붉다'는 것은 주님의 인성과 보혈을 암시한다. 주님의 보혈은 세상 사람들에게는 큰 비극으로 보이겠지만, 성도들에게는 가장 강하고 고귀한 사랑의 표다.

'머리는 순금 같고 머리털은 고불 고불 까마귀 같다.' 순금은 쇠하지 않는 천국의 영원성과 왕의 권위를 상징한다. 머리털이 검고 고불고불하다는 말은 그리스도에게는 노쇠함이 없고 영원한 젊음을 지니신 분이다. 눈은 순결하고 온유하며, 충만하고도 완전한 균형을 가지신 분임을 고백한다(*여기 '아름답다'는 말은 '충만하다'는 말로 번역될 수 있다[7]). 예수님의 천상의 모습이라 할 수 있다. 밧모섬에 유배 중이던 요한이 보았던 예수님의 모습과 흡사하다.

"몸을 돌이켜 나에게 말한 음성을 알아보려고 돌이킬 때에 일곱 금 촛대를 보았는데, 촛대 사이에 인자 같은 이가 발에 끌리는 옷을 입고 가슴에 금띠를 띠고"(요한계시록 1:12-14)

---

7 박윤선 아가서 주석(영음사) p.173 '아름답게도 박혔구나' 이 말은 '충만하게 (עַל־מִלֵּאת) 박혔구나' 라고 번역될 수 있다(C.D. Ginsburg). 충만하게 박혔다는 것은 성령님의 무소부재하심을 가리킨다. 계 5:6하에 말하기를 "이 눈은 온 땅에 보내심을 입은 하나님의 일곱 영이더라"고 하셨다.

향기롭고 순백한 분

5:13-14 "뺨은 향기로운 꽃밭 같고 향기로운 풀 언덕과도 같고 입술은 백합과 같고 몰약의 즙이 뚝뚝 떨어지는구나. 손은 황옥을 물린 황금 노리개 같고 몸은 아로새긴 상아에 청옥을 입힌 듯하구나"(술람미)

13 His cheeks are like beds of spice yielding perfume. His lips are like lilies dripping with myrrh. 14 His arms are rods of gold set with topaz. His body is like polished ivory decorated with lapis lazuli.

　　술람미 여인은 계속하여 사랑하는 이의 모습을 고백한다. 그분의 뺨은 향기로운 꽃밭, 향기로운 풀 언덕에 비유한다. 그의 얼굴은 항상 평화로우시며, 온유하시며, 은혜로우시다. 몰약은 부패를 방지하는 향유이다. 주님께서 들려주시는 모든 말씀은 순백하며 향기롭고 생명의 충만함으로 우리의 마음을 채우신다. "나를 믿는 자는 성경에 이름과 같이 그 배에서 생수의 강이 흘러나오리라"(요한복음 7:38) 하셨다.

그의 손은 황옥(topaz)을 물린 황금 노리개로 비유했다. 성경에서 하나님의 성결하심은 옥이나 보석으로 비유되고(요한계시록 21:11,20), 황금은 그의 영원한 신성과 견실성을 나타낸다. 그의 몸은 아로새긴 상아(ivory)에 청옥(sapphire)을 입힌 것 같다고 했다. 여기 '몸'이란 '심장'으로도 해석된다고 한다.[8] 주님의 가슴(심장)은 아름답고 고귀한 상아의 이미지로, 청옥과 같이 성결함으로 가득한 모습으로 표현한다.

성경에서는 하나님의 특별한 은혜를 입은 종들이 여호와 하나님과 예수 그리스도의 천상의 모습을 체험한 일들을 기록하고 있다. 이사야(6:1), 에스겔(10장), 다니엘(10장), 그리고 밧모섬에서의 사도 요한의 체험 등이다(요한계시록 1장).

주님은 이 세상의 그 어떤 피조물로도 비유될 수 없는 아름다우시며 성결하고 거룩하신 분이시다.

---

8   박윤선 주석(영음사) p. 174

백향목처럼 아름다워

5:15,16 "다리는 순금 받침에 세운 화반석 기둥 같고 생김새는 레바논 같으며 백향목처럼 보기 좋고 입은 심히 달콤하니 그 전체가 사랑스럽구나 예루살렘 딸들아 이는 내 사랑하는 자요 나의 친구로다"(술람미)

15 His legs are pillars of marble set on bases of pure gold. His appearance is like Lebanon, choice as its cedars. 16 His mouth is sweetness itself; he is altogether lovely. This is my beloved; this is my friend, daughters of Jerusalem.

그분의 다리는 정금 받침에 세운 화반석 기둥, 레바논의 백향목에 비유한다. 그가 딛고 서있는 자리는 정금 받침이다. 이는 불변성과 영원성을 상징한다. 그것을 딛고 있는 그분의 다리는 화반석 기둥처럼 결코 요동치 않는 견고성을 가지며, 백향목은 최고급의 건축 목재로서, 레바논에 가득한 백향목처럼 그리스도를 통해 무수히 많은 의인들이 자라날 것을 말씀해주는 것 같다.

그의 입은 심히 달콤하다는 것은 주님의 사랑의 말씀, 위로와 권면의 말씀, 소망의 말씀이 내 영혼에 매우 달다는 고백이다. 지금 술람미 여인은 10절부터 16절까지 머리부터 발끝까지 사랑하는 이의 아름다움을 찬양하고 있다. 그분의 존재 전체가 다 아름답다. 그런 분이 바로 나의 연인이며 나의 진정한 친구임을 다른 이들에게 술람미는 고백한다.

주님은 우리를 먼저 친구로 삼으시고 천국의 모든 비밀을 말씀해 주신 분이다. 우리는 영적인 눈을 떠서 그 분의 참 모습을 바라볼 수 있어야 한다.

"이제부터는 너희를 종이라 하지 아니하리니 종은 주인이 하는 것을 알지 못함이라. 너희를 친구라 하였노니 내가 내 아버지께 들은 것을 다 너희에게 알게 하였음이라"(요한복음 15:15)

끝도 없이 노래가 흐르네

내 마음 가운에
이처럼 많은
노래들이 있었던가?

한 번도 입 밖으로
불러본 적 없는데

언제
내 마음에 한 가득
노래들이 있었던가?

당신을 만난 후
끝도 없이
노래가 흐르네.

최혜숙 시집 《뽈라성 사람들》 중에서

1 여자들 가운데에서 어여쁜 자야 네 사랑하는 자가 어디로 갔는가 네 사랑하는 자가 어디로 돌아갔는가 우리가 너와 함께 찾으리라.

2 내 사랑하는 자가 자기 동산으로 내려가 향기로운 꽃밭에 이르러서 동산 가운데에서 양 떼를 먹이며 백합화를 꺾는구나.

3 나는 내 사랑하는 자에게 속하였고 내 사랑하는 자는 내게 속하였으며 그가 백합화 가운데에서 그 양 떼를 먹이는도다.

4 내 사랑아 너는 디르사 같이 어여쁘고, 예루살렘 같이 곱고, 깃발을 세운 군대 같이 당당하구나.

5 네 눈이 나를 놀라게 하니 돌이켜 나를 보지 말라 네 머리털은 길르앗 산 기슭에 누운 염소 떼 같고

6 네 이는 목욕하고 나오는 암양 떼 같으니 쌍태를 가졌으며 새끼 없는 것은 하나도 없구나.

7 너울 속의 네 뺨은 석류 한 쪽 같구나

8 왕비가 육십 명이요 후궁이 팔십 명이요 시녀가 무수하되

9 내 비둘기, 내 완전한 자는 하나뿐이로구나 그는 그의 어머니의 외딸이요 그 낳은 자가 귀중하게 여기는 자로구나 여자들이 그를 보고 복된 자라 하고 왕비와 후궁들도 그를 칭찬하는구나.

10 아침 빛 같이 뚜렷하고 달 같이 아름답고 해 같이 맑고 깃발을 세운 군대 같이 당당한 여자가 누구인가

11 골짜기의 푸른 초목을 보려고 포도나무가 순이 났는가 석류나무가 꽃이 피었는가 알려고 내가 호도 동산으로 내려갔을 때에

12 부지중에 내 마음이 나를 내 귀한 백성의 수레 가운데에 이르게 하였구나.

13 돌아오고 돌아오라 술람미 여자야 돌아오고 돌아오라 우리가 너를 보게 하라 너희가 어찌하여 마하나임에서 춤추는 것을 보는 것처럼 술람미 여자를 보려느냐

우리가 너와 함께 찾으리라

6:1 "여자들 가운데에서 어여쁜 자야 네 사랑하는 자가 어디로 갔는가 네 사랑하는 자가 어디로 돌아갔는가? 우리가 너와 함께 찾으리라"(친구들)

1 Where has your beloved gone, most beautiful of women? Which way did your beloved turn, that we may look for him with you?

5장 16절과 연결하여 이해한다면, 예루살렘의 딸들에게 술람미 여인의 진실한 사랑의 고백이 이제 조금 감동으로 전해진 것 같다. 그들이 술람미 여인을 향해 가장 아름다운 자라고 칭찬한다.

형식적이고 미온적이었던 예루살렘의 여인들이 이제 술람미의 고백을 듣고 그가 사랑하는 그 분을 함께 찾고 싶어 한다.

"믿음은 들음에서 나며 들음은 그리스도의 말씀으로 말미암는 것이다"(로마서 10:17). 주의 말씀을 사랑하고 믿음으로 따르는 그리스도인의 삶의 모습을 볼 때 다른 이들에게 선한 영향력과 감동을 줄 수 있는 것이다.

세례요한은 이스라엘 종교지도자들이 '너는 누구냐?'하고 물었을 때 자신은 다만 '광야에서 외치는 소리'라고 했다. 그는 예수님을 가리켜 '보라 세상 죄를 지고 가는 하나님의 어린 양이로다'고 증거하며 자신은 그분의 신발끈을 풀기도 감당치 못할 자라고 했다. 많은 사람들이 자기를 떠나 예수께로 갔지만, 그는 이 광경을 보며 신랑이 와서 신부를 취하니 신랑의 친구로서 기쁨이 충만하다고 했다.

주의 종은 온전히 예수 그리스도만을 높이며, 많은 사람들이 예수님을 사랑하고 믿을 때 참으로 충만한 기쁨을 얻는 자들이다.

"주께서 이같이 우리에게 명하시되 내가 너를 이방의 빛으로 삼아 너로 땅끝까지 구원하게 하리라 하셨느니라 하니 이방인들이 듣고 기뻐하여 하나님의 말씀을 찬송하며 영생을 주시기로 작정된 자는 다 믿더라"(사도행전 13:47,48)

사랑하는 자와 하나됨

6:2,3 "내 사랑하는 자가 자기 동산으로 내려가 향기로운 꽃밭에 이르러서 동산 가운데에서 양 떼를 먹이며 백합화를 꺾는구나. 나는 내 사랑하는 자에게 속하였고 내 사랑하는 자는 내게 속하였으며 그가 백합화 가운데에서 그 양 떼를 먹이는도다."(술람미)

2 My beloved has gone down to his garden, to the beds of spices, to browse in the gardens and to gather lilies. 3 I am my beloved's and my beloved is mine; he browses among the lilies

이 부분은 결혼 후 갈등을 빚었던 남편과 아내가 다시 사랑을 회복하며, 전보다 더 깊은 사랑으로 발전하는 모습을 담고 있다. 문 앞에서 돌아섰던 남편은 다시 '그의 정원'으로 돌아온다. 그리고 둘은 서로에게 '나는 사랑하는 당신에게 속하였습니다'라고 새롭게 언약을 다짐한다.

2장 16절에도 유사한 고백의 내용이 있지만, 여기에서는 매우 중요한 차이가 발견된다. 전자에서는 "나의 사랑하는 이가 나의 것"이라 고백하였지만, 여기서는 "나는 내 사랑하는 자에게 속하였다"고 고백한다. "내가 그를 소유하기 전에 그가 나를 소유했다"라고 고백하고 있다. 관계의 어려움을 겪은 후 더 깊어진 사랑을 갖게 된 것이다. 자기애에 근거한 사랑이 아니라, "그 분이 누구인가?"에 근거한 사랑인 것이다.

내가 예수님을 믿는 이유가 무엇인가? 내가 예수님을 사랑하는 이유가 무엇인가? 우리는 자기애에서 비롯된 믿음에 머물러있지는 않은가? 아니면 진심으로 예수님이 누구신지 알고, 나를 위해 행하신 그의 고난의 의미를 알고, 감사하며 사랑하며 믿는가?

'나는 나의 사랑하는 자에 속하였고, 나의 사랑하는 자는 내게 속하였다'는 고백은 교회(성도)가 성령 안에서 그리스도와 사랑으로 일체가 되는 것을 의미한다. 이는 세상이 알 수 없는 비밀이며 신비로운 연합이다."

"아버지께서 내 안에, 내가 아버지 안에 있는 것 같이 저희도 다 하나가 되어 우리 안에 있게 하사 세상으로 아버지께서 나를 보내신 것을 믿게 하옵소서"(요한복음 17:21) *22,23절까지 참조

깃발 세운 군대같이

6:4 "내 사랑아 너는 디르사 같이 어여쁘고, 예루살렘 같이 곱고, 깃발을 세운 군대 같이 당당하구나(솔로몬)

You are as beautiful as Tirzah, my darling, as lovely as Jerusalem, as majestic as troops with banners.

신랑은 비록 한 동안 술람미의 곁을 떠났지만 사랑하는 자를 찾으려고 애쓰는 술람미의 모습을 보고 기꺼이 신부에게로 돌아와 그의 변함 없는 사랑을 고백한다.

우리도 때로는 이처럼 변함 없는 '친구' 예수 그리스도에 대한 나의 경박함과 소원해짐을 회개하며 겸비한 마음으로 다시 돌아올 때가 있다. 그분의 변함 없는 사랑을 회복하기까지의 과정이 그리 쉽지 않음을 우리 스스로 경험하게 된다. 이러한 우리의 마음을 읽으시는 주님은 그의 사랑을 다시 한 번 우리 마음에 확인시켜 주심으로써 주님과의 관계가 회복하는 기쁨을 다시 찾게 해 주신다.

솔로몬은 술람미에게 '내 사랑아, 너는 디르사 같이 어여쁘다' 라고 변함없는 그의 사랑을 고백한다. '디르사'라는 말은 '기쁨, 즐거움'의 뜻이 있다. 북왕국 이스라엘의 한 아름다운 도시인데, 왕들의 별궁을 두었던 곳이라고 한다. 천국의 한 장소처럼 왕에게 즐거움과 기쁨을 주는 여인을 이르는 말이다

예루살렘처럼 사랑스럽다는 말은 예루살렘은 하나님께 거룩한 제사를 드리는 성스럽고 아름다운 하나님의 도성이며 이스라엘 사람들이 가장 사랑하는 신앙적인 고향이다. 또한 예수 그리스도의 재림 때 하늘에서 내려오는 새 예루살렘의 영광과 아름다움은 세상의 언어로 다 표현할 수 없다(요한계시록 21:9-27). 이는 미천한 시골 처녀인 술람미에게는 극찬의 고백이라 하겠다.

술람미 여인의 모습은 이러한 아름다움과 함께 군대와 같은 당당함이 있다. 모든 적들의 방해와 험한 길의 고난을 극복하고 사랑하는 자를 찾아온 군센 믿음과 용기를 보여준다. 이스라엘 민족이 그러하고, 그리스도의 교회의 참 모습이 그러하다. 우리 성도 한 사람, 한 사람도 재림하시는 주님을 만날 때까지 주님 보시기에 사랑스럽고 당당한 모습으로 자신의 믿음을 지켜야 하겠다.

"또 내가 보매 거룩한 성 새 예루살렘이 하나님께로부터 하늘에서 내려오니 그 준비한 것이 신부가 남편을 위하여 단장한 것 같더라"(요한계시록 21:2)

잠시만 눈을 돌려주세요

6:5-7 "네 눈이 나를 놀라게 하니 돌이켜 나를 보지 말라. 네 머리털은 길르앗 산 기슭에 누운 염소 떼 같고 네 이는 목욕하고 나오는 암양 떼 같으니 쌍태를 가졌으며 새끼 없는 것은 하나도 없구나. 너울 속의 네 뺨은 석류 한 쪽 같구나"(솔로몬)

5 Turn your eyes from me; they overwhelm me. Your hair is like a flock of goats descending from Gilead. 6 Your teeth are like a flock of sheep coming up from the washing. Each has its twin, not one of them is missing. 7 Your temples behind your veil as like the halves of a pomegranate.

"네 눈이 나를 놀라게 하니 돌이켜 나를 보지 말라" 이 문장의 해석은 앞뒤 연결이 잘 안 된다. 본인은 이렇게 이해하고 싶다. 이 말은 아주 역설적인 의미를 갖는 솔로몬의 애정 고백이다.

'놀라게 한다'는 히브리어로, '격렬하다' '누구를 격렬하게 누르다' '어떤 사람을 압도적으로 누르다'라는 뜻을 가진다.

솔로몬과 술람미는 지금 사랑에 가득 찬 눈으로 서로를 응시하고 있다. 그녀의 눈은 솔로몬의 마음을 사로잡고 압도한다. 그녀의 눈빛을 마주하고 보기에 너무나 마음을 주체할 수 없어 "나로부터 당신의 눈을 조금 돌려주세요. 당신의 눈이 나를 어쩔 줄 모르게 합니다" 라고 고백하는 것이다.

'돌이켜 나를 보지 말라'는 말은 술람미 여인의 애정을 거절하는 것이 아니라 오히려 그를 충동하여 사랑의 반응을 받자는 데서 나온 고백이다.[9]

* 6:6,7은 4:1,2,3절 참고하기 바란다.

"능히 너희를 보호하사 거침이 없게 하시고 너희로 그 영광 앞에 흠이 없이 기쁨으로 서게 하실 이, 곧 우리 구주 홀로 하나이신 하나님께 우리 주 예수 그리스도로 말미암아 영광과 위엄과 권력과 권세가 영원 전부터 이제와 영원토록 있을 지어다. 아멘"(유다서 1:24,25)

---

9   overwhelm: 압도하다, 제압하다, 어쩔 줄 모르게 하다
     솔로몬의 아가(도서출판 경향문화사), 석원태목사 아가서 강해 p. 231

내 비둘기, 내 완전한 자

6:8,9 "왕비가 육십 명이요 후궁이 팔십 명이요 시녀가 무수하되 내 비둘기, 내 완전한 자는 하나뿐이로구나 그는 그의 어머니의 외딸이요 그 낳은 자가 귀중하게 여기는 자로구나 여자들이 그를 보고 복된 자라 하고 왕비와 후궁들도 그를 칭찬하는구나"(솔로몬)

8 Sixty queens there may be, and eighty concubines, and virgins beyond number; 9 but my dove, my perfect one, is unique, the only daughter of her mother, the favorite of the one who bore her. The young women saw her and called her blessed; the queens and concubines praised her.

실제 솔로몬 왕은 왕후가 칠백 인이요 비빈이 삼백 인이라 했다 (열왕기상 11:3) 어떤 해석가들은 솔로몬이 수많은 처첩들을 두고 지냈던 젊은 시절을 회개하며, 말년에 이르러 그가 가장 사랑했던 술람미 여인을 회상하며 쓴 시라고 짐작한다고 했다.

영적으로 이해한다면 술람미 여인으로 비유된 참된 교회(성도) 한 사람 한 사람을 그리스도께서 어떤 마음으로 사랑하는지를 표현하는 시라고 본다. 주님께서 보시기에 그들은 천사보다 아름답고 귀하다. 천사들은 그리스도의 구속의 사랑을 맛보지 못한 존재들이기 때문이다.

그러나 참된 교회(성도)는 그가 죄인 되었을 때 그를 용서하시고, 대신 십자가에 죽으신 주님을 깊이 깨닫고 온 마음을 다하여 주님을 경외하며 사랑한다. 또한 주님께서도 이 세상에 신자들이 많지만, 그 분의 죽으심과 생명에 온전히 연합된 자를 그 어떤 존재보다 귀하게 여기시고 사랑하신다. 주님께서는 이러한 성도들을 마치 단 한 사람, 오직 그만을 사랑하듯 완전한 사랑으로 사랑하신다.

"이는 물로 씻어 말씀으로 깨끗하게 하사 거룩하게 하시고 자기 앞에 영광스러운 교회로 세우사 티나 주름 잡힌 것이나 이런 것들이 없이 거룩하고 흠이 없게 하려 하심이라"(에베소서 5:26,27)

아침 빛 같이 뚜렷한

6:10 "아침 빛 같이 뚜렷하고 달 같이 아름답고 해 같이 맑고 깃발을 세운 군대 같이 당당한 여자가 누구인가?"(친구들)

10 Who is this that appears like the dawn, fair as the moon, bright as the sun, majestic as the stars in procession?

아침 빛(the dawn), 달(the moon), 해(the sun), 그리고 '깃발을 세운 군대 같이'(majestic as the stars in procession)란 '행렬을 갖춘 위풍 당당한 별무리'라는 뜻으로서 이는 모두 하늘의 빛에 관련되는 것이다. 우리가 주님을 가장 닮아야 할 것이 있다면 '빛'일 것이다. 주님은 "너희는 세상의 빛이라" 하셨다(마태복음 5:14). 그러나 우리는 결코 스스로 빛을 내는 존재가 못 된다. 주님께서 내주하심으로 나를 통해 나타나는 주님의 빛이다. 그럼에도 불구하고 주님의 빛을 나타내주는 교회(성도)를 기뻐하시고 아름답다고 하신다.

우리 자신이 잘 닦인 거울처럼, 구름 없는 맑은 하늘처럼 우리의 심령이 깨끗하다면, 그 빛의 사명을 더 잘 감당할 것이다.

신부의 또 하나의 모습은 깃발을 세운 군대 같이 당당한 여자라고 하신다. 우리가 어느 때에 이처럼 당당할 수 있는가? 그것은 주님의 깃발 아래, 주님께 속한 군사가 되었을 때다. 나 자신을 보면 아무런 쓸모 없이 연약한 자일 수밖에 없지만, 주님께 속하여 주님의 깃발 아래 있을 때 우리는 참으로 당당할 수 있다. 내가 연약할 때 내 안에 계신 주님께서 더욱 강하심을 믿기 때문이다.

"너희가 전에는 어둠이더니 이제는 주 안에서 빛이라. 빛의 자녀들처럼 행하라. 빛의 열매는 모든 착함과 의로움과 진실함에 있느니라"(에베소서 5:8,9)

호도동산에서

6:11,12 "골짜기의 푸른 초목을 보려고 포도나무가 순이 났는가 석류나무가 꽃이 피었는가 알려고 내가 호도 동산으로 내려갔을 때에 부지중에 내 마음이 나를 내 귀한 백성의 수레 가운데에 이르게 하였구나"(솔로몬)

11 I went down to the grove of nut trees to look at the new growth in the valley, to see if the vines had budded or the pomegranates were in bloom. 12 Before I realized it, my desire set me among the royal chariots of my people.

여기 주인공은 솔로몬이다. 왕이 골짜기를 내려간 것은 푸른 초목들과 포도나무, 석류나무, 호두나무들을 살피기 위해서다. 마치 그리스도께서 여러 심령들을 살피시는 모습을 연상할 수 있다. 성도들의 심령과 삶이 건강하게 자라고 있는지, 성령의 열매들을 잘 맺고 있는지 항상 살피신다.

그 때 왕의 마음은 자기도 모르게 백성들의 수레 가운데로 이끌려갔다. 왕의 눈길을 끄는 것은 춤추는 무리들이었다. 왕의 눈길이 머무는 곳, 왕의 걸음을 멈추게 하는 곳이 어디인가? 그곳은 기쁨과 감사의 찬양이 있는 곳이다.

기쁨과 감사의 찬양이 있는 심령, 가정공동체, 신앙공동체가 주님의 귀한 백성이며, 그들 가운데 주님은 찾아오시고 머무시며, 영광을 받으신다.

"할렐루야 새 노래로 여호와께 노래하며 성도의 모임 가운데에서 찬양할지어다. 이스라엘은 자기를 지으신 이로 말미암아 즐거워하며 시온의 주민은 그들의 왕으로 말미암아 즐거워할지어다. 춤 추며 그의 이름을 찬양하며 소고와 수금으로 그를 찬양할지어다. 여호와께서는 자기 백성을 기뻐하시며 겸손한 자를 구원으로 아름답게 하심이로다"(시편 149:1-4)

춤추는 술람미 여인

6:13,14 "돌아오고 돌아오라 술람미 여자야 돌아오고 돌아오라 우리가 너를 보게 하라 너희가 어찌하여 마하나임에서 춤추는 것을 보는 것처럼 술람미 여자를 보려느냐"(솔로몬)

13 Come back, come back, O Shulammite; come back, come back, that we may gaze on you! 14 Why would you gaze on the Shulammite as on the dance of Mahanaim?

이 번역도 많은 신학자들의 해석이 다르고, 이해하기에 명확하지 않다. 그러나 이스라엘 민속춤을 연상한다면 쉽게 이해가 될 것이다. 이스라엘 민속춤은 여러 사람들이 둥글게 서서 손을 잡고 빙글 빙글 돌면서 춤을 춘다. 이 춤을 '마하나임 춤'[10] 즉 '천사들의 춤'이

---

10 **마하나임 춤** : '마하나임'은 두 진영, 하늘(하나님)의 군대들(천사들)이란 뜻이다. 야곱이 도피생활을 마치고 가나안으로 오던 중 그곳에서 하나님의 군대(천사)를 만난 데서 유래된 지명이다(창세기 32:2). 브니엘 동쪽 10km 지점으로 추정된다. 마하나임 춤은 마하나임 지역에서 유행했던 둥근 꼴을 이뤄 추는 원무를 가리킨다.(Naver지식백과, 라이프성경사전)

라 한다.

솔로몬 왕이 자기 백성들이 함께 모여 즐겁게 춤추고 있는 광경을 볼 때 잠시 발걸음을 멈추었다. 그때 솔로몬 왕은 그들 가운데 함께 춤추고 있는 술람미 여인을 발견한 것이다.

'돌아오라'라는 말은 멀리서 춤추고 있는 술람미 여인에게 어서 내가 있는 쪽으로 오라, 우리가 너를 가까이 볼 수 있도록 이쪽으로 어서 돌아오라는 마음을 표현하고 있다.

솔로몬이 그는 곁에 있는 자들에게 말한다. "너희들에게 마치 천사들이 춤추는 것같이 보이지?" 사랑하는 술람미 여인이 다른 여인들과 함께 춤추는 모습이 마치 천사들의 무리가 춤추는 것 같지 않냐고 묻는다.

우리도 또한 우리의 왕이신 하나님 앞에서 이렇게 춤추며 찬양하며 그 분을 기쁘고 즐겁게 해 드림이 마땅하지 않은가?

"할렐루야 그의 성소에서 하나님을 찬양하며 그의 권능의 궁창에서 그를 찬양할지어다. 그의 능하신 행동을 찬양하며 그의 지극히 위대하심을 따라 찬양할지어다. 나팔 소리로 찬양하며 비파와 수금으로 찬양할지어다. 소리치며 춤추어 찬양하며 현악과 퉁소로 찬양할지어다"(시편 150:1-4)

내 마음을 어찌

내 마음을 어찌
그리 크게 만드셨나요?

세상을 다 담아도
족한 줄 모르고

다만 당신을 담아야
만족할 수 있으니

내 마음을 어찌
그리 크게도 만드셨나요?

최혜숙 시집 《뿔라성 사람들》 중에서

1 귀한 자의 딸아 신을 신은 네 발이 어찌 그리 아름다운가 네 넓적다리는 둥글어서 숙련공의 손이 만든 구슬꿰미 같구나.

2 배꼽은 섞은 포도주를 가득히 부은 둥근 잔 같고 허리는 백합화로 두른 밀단 같구나.

3 두 유방은 암사슴의 쌍태 새끼 같고

4 목은 상아 망대 같구나 눈은 헤스본 바드랍빔 문 곁에 있는 연못 같고 코는 다메섹을 향한 레바논 망대 같구나.

5 머리는 갈멜 산 같고 드리운 머리털은 자줏빛이 있으니 왕이 그 머리카락에 매이었구나.

6 사랑아 네가 어찌 그리 아름다운지, 어찌 그리 화창한지 즐겁게 하는구나.

7 네 키는 종려나무 같고 네 유방은 그 열매송이 같구나.

8 내가 말하기를 종려나무에 올라가서 그 가지를 잡으리라 하였나니 네 유방은 포도송이 같고 네 콧김은 사과 냄새 같고

9 네 입은 좋은 포도주 같을 것이니라. 이 포도주는 내 사랑하는 자를 위하여 미끄럽게 흘러 내려서 자는 자의 입을 움직이게 하느니라.

10 나는 내 사랑하는 자에게 속하였도다. 그가 나를 사모하는구나.

11 내 사랑하는 자야 우리가 함께 들로 가서 동네에서 유숙하자.

12 우리가 일찍이 일어나서 포도원으로 가서 포도 움이 돋았는지, 꽃술이 퍼졌는지, 석류 꽃이 피었는지 보자 거기에서 내가 내 사랑을 네게 주리라.

13 합환채가 향기를 뿜어내고 우리의 문 앞에는 여러 가지 귀한 열매가 새 것, 묵은 것으로 마련되었구나. 내가 내 사랑하는 자 너를 위하여 쌓아 둔 것이로다.

산을 넘는 발

7:1 "귀한 자의 딸아 신을 신은 네 발이 어찌 그리 아름다운가 네 넓적다리는 둥글어서 숙련공의 손이 만든 구슬꿰미 같구나"(솔로몬)

1 How beautiful your sandaled feet, O prince's daughter! Your graceful legs are like jewels, the work of an artist's hands.

7장은 여인의 육체의 아름다움을 칭송하는 문장이 많다. 그대로 문자적으로 해석하면 매우 성적인 난잡한 표현이 되기 쉽다. 그러나 이 아가서가 정경으로 채택된 것은 그 안에 깊은 영적, 신앙적 의미가 숨겨져 있기 때문이다. 그것을 찾아보기로 하자. 왕은 춤추는 술람미 여인의 아름다움을 사랑스러운 눈으로 바라보고 있다.

솔로몬은 그를 '귀한 자의 딸'이라 불렀다. 솔로몬은 왕인 반면에 술람미 여인은 포도원에서 일하며 얼굴이 검게 그은 시골 처녀다(아가서1:6). 이는 세상에서 죄 가운데 살던 자가 만왕의 왕이신 하나님의 자녀로 거듭난 신자를 비유한다. 우리는 다 술람미 여인처럼 죄인의 굴레 속에 살았던 천한 존재였지만, 하나님의 은혜로 하나님의 자녀가 된 사람들이다.

'신을 신은 발이 아름답다고 표현한다. 성도의 가장 아름답고 건강한 발과 다리는 어떤 것인가? 이사야 52:7에, "좋은 소식을 전하며 평화를 공포하며 복된 좋은 소식을 가져오며 구원을 공포하며 시온을 향하여 이르기를 네 하나님이 통치하신다 하는 자의 산을 넘는 발이 어찌 그리 아름다운가"라고 했다.

이는 구주의 복음을 전하는 자의 발이다. 특히 산을 넘어 먼 곳까지 달려가는 발은 영육이 강건하지 않으면 힘들다. 이 말씀을 읽을 때 선교사들의 발걸음을 항상 생각하게 된다. 복음의 중요성을 확실히 알고, 전해야 한다는 사명감이 굳건하지 않으면 결코 이 일을 감당하지 못할 것이다. '숙련공이 만든 구슬꿰미 같은 다리'란 잘 훈련되고 영적으로 인격적으로 다듬어진 조화로움과 건강함을 말해준다.

성숙하고 아름다운 신부

7:2,3 배꼽은 섞은 포도주를 가득히 부은 둥근 잔 같고 허리는 백합화로 두른 밀단 같구나. 두 유방은 암사슴의 쌍태 새끼 같고 (솔로몬)

2 Your navel is a rounded goblet that never lacks blended wine. Your waist is a mound of wheat encircled by lilies. 3 Your breasts are like two fawns, like twin fawns of a gazelle.

왕의 마음을 흡족하게 하는 여인으로서의 성숙함과 건강함을 표현하고 있다. 하나님께서는 교회(성도)를 어린아이의 상태로 머무르기를 원치 않으시며 그리스도의 신부가 되기까지 자라기를 원하신다. 영적으로도 주님과 깊은 교제를 나눌 수 있는 내면적 성숙함과 영적 자녀를 낳고 기를 수 있는 모성의 능력도 갖추기를 원하신다.

그리스도의 신부로서의 영적 성숙함, 영적 풍요로움, 영적 아름다움을 가꾸어나가는 것이 신자의 마땅한 의무이며 그리스도를 기쁘시게 하는 모습이라 하겠다.

사도 바울도 장성한 분량에 이르도록 힘썼다. "내가 어렸을 때에는 말하는 것이 어린 아이 같고 깨닫는 것이 어린 아이와 같다가 장성한 사람이 되어서는 어린 아이의 일을 버렸노라"(고린도전서 13:11).

또 에베소서 4:13, 15에 "우리가 다 하나님의 아들을 믿는 것과 아는 일에 하나가 되어 온전한 사람을 이루어 그리스도의 장성한 분량이 충만한 데까지 이르리니……오직 사랑 안에서 참된 것을 하여 범사에 그에게까지 자랄지라 그는 머리니 곧 그리스도라" 라고 교회에 권면하고 있다.

"내가 어렸을 때에는 말하는 것이 어린 아이와 같고 깨닫는 것이 어린 아이와 같고 생각하는 것이 어린 아이와 같다가 장성한 사람이 되어서는 어린 아이의 일을 버렸노라"(고린도전서 13:11)

영적 파수꾼

7:4,5 "목은 상아 망대 같구나 눈은 헤스본 바드랍빔 문 곁에 있는 연못 같고 코는 다메섹을 향한 레바논 망대 같구나. 5 머리는 갈멜 산 같고 드리운 머리털은 자줏빛이 있으니 왕이 그 머리카락에 매이었구나"(솔로몬)

4 Your neck is like an ivory tower. Your eyes are the pools of Heshbon by the gate of Bath Rabbim. Your nose is like the tower of Lebanon looking toward Damascus. 5 Your head crowns you like Mount Carmel. Your hair is like royal tapestry; the king is held captive by its tresses.

4장 4절에는 술람미 여인의 목을 '다윗의 망대' 같다고 했다. 여기에서도 '상아 망대' '다메섹을 향한 레바논 망대'와 같다고 표현한다. 망대는 공격적인 역할보다 수비적인 역할이 크다. 그의 목이 망대 같다는 표현은 적에게 작은 틈도 주지 않고 영적으로 충성스럽게 깨어있음을 말해준다. 특히 상아로 비유한 것은 순결하면서도 강인하며 품성과 잘 다듬어진(잘 훈련된) 파수꾼의 모습을 연상하게 된다.

눈은 '바드랍빔 문 곁에 있는 연못', 아모리 족속의 왕 시혼의 도성에 있는 아름답고 맑은 연못 같다고 했다. 영적 파수꾼의 눈은 항상 고요하고 정결하여서 진리, 곧 하늘의 움직임을 잘 담을 수 있어야 한다.

코는 '다메섹을 향한 레바논 망대'같다고 했다. 아람의 수도인 다메섹을 정탐하기 위해 세워진 망대와 같다는 말은 적군의 움직임을 잘 파악하고 분별하는 것처럼 교회(성도)는 마귀의 계략과 악한 자의 사상과 거짓 복음을 분별할 수 있어야 한다.

머리는 갈멜산 같고 드리운 머리털은 자줏빛으로 왕의 마음이 이끌렸다. 갈멜산은 초목이 무성하고 아름다워 이스라엘 사람들의 사랑을 받은 산이었다. 북 이스라엘의 선지자 엘리야가 바알 제사장들과 역사적인 한판 대결을 벌여 승리한 영산이기도 하다.

"끝으로 너희가 주 안에서와 그 힘의 능력으로 강건하여지고 마귀의 간계를 능히 대적하기 위하여 하나님의 전신갑주를 입으라"(에베소서 6:10,11)

향기로운 신부

7:6-9상 "사랑아 네가 어찌 그리 아름다운지, 어찌 그리 화창한지 즐겁게 하는구나. 네 키는 종려나무 같고 네 유방은 그 열매송이 같구나. 내가 말하기를 종려나무에 올라가서 그 가지를 잡으리라 하였나니 네 유방은 포도송이 같고 네 콧김은 사과 냄새 같고 네 입은 좋은 포도주 같을 것이니라"(솔로몬)

6 How beautiful you are and how pleasing, my love, with your delights! 7 Your stature is like that of the palm, and your breasts like clusters of fruit. 8 I said, "I will climb the palm tree; I will take hold of its fruit." May your breasts be like clusters of grapes on the vine, the fragrance of your breath like apples, 9 and your mouth like the best wine. May the wine go straight to my beloved, flowing gently over lips and teeth?

솔로몬은 춤추는 신부 술람미의 육체의 아름다움과 사랑스러움에 최고의 찬사를 보내고 있다. 아가서에는 이처럼 여성의 육체에 대한 묘사가 많다. 고대 근동에는 많은 신들과 그들의 이야기들을 신상을 만들어 인간의 사고를 구체화시키려는 시도들을 했다. 그러나 이스라엘 사람들은 그들이 대망하는 왕과 그의 백성의 아름다움을 신상이 아니라 말(언어)로 묘사하려는 데에 있었다는 것이다.[11]

그러므로 우리는 그 표현 속에서 말하고자 하는 실제 의미에 유의하며, 그 은유적 표현을 이해해야 한다. 술람미 여인에 대한 묘사는 단순한 외적 미(美)뿐 아니라 그 여인의 기쁨으로 가득 차 있는 내면의 미(美)를 나타낸다. 성령의 열매 중에 '희락(joy)'이 있다. 주님으로 인하여 기쁨을 누리는 성도는 다시 그 기쁨의 열매를 주님께 돌려드린다.

영적으로 성숙한 성도는 향기로운 성령의 열매를 많이 맺으며, 주님께서도 그런 교회(성도)와 함께 거하시기 원하며, 깊은 교제를 나누시기 원하며, 그 열매로 인해 즐거워하시며 영광을 받으신다.

부부간의 사랑도 그렇다. 가정은 천국의 모형이다. 서로를 칭찬하며, 감사할 때 서로의 기쁨이 배가되고 더욱 행복해 지는 법이다.

"남편들아 아내 사랑하기를 그리스도께서 교회를 사랑하시고 그 교회를 위하여 자신을 주심 같이 하라. 이는 곧 물로 씻어 말씀으로 깨끗하게 하사 거룩하게 하시고 자기 앞에 영광스러운 교회로 세우사 티나 주름 잡힌 것이나 이런 것들이 없이 거룩하고 흠이 없게 하려 하심이라"(에베소서 5:25-27)

---

11 솔로몬의 아가 죠지 부로우 저 최종태 역, 소망사 p. 341

신부의 사랑 고백

7:9하-11 "이 포도주는 내 사랑하는 자를 위하여 미끄럽게 흘러내려서 자는 자의 입을 움직이게 하느니라. 나는 내 사랑하는 자에게 속하였도다. 그가 나를 사모하는구나. 내 사랑하는 자야 우리가 함께 들로 가서 동네에서 유숙하자"(술람미)

9 and your mouth like the best wine. 10 I belong to my beloved, and his desire is for me. 11 Come, my beloved, let us go to the countryside, let us spend the night in the villages.

여기 '포도주를 마신다'는 것은 신랑과 신부의 사랑의 입맞춤을 묘사하는 것이다. 포도주로 비유되는 것은 하나님의 말씀이며, 복음으로 이해한다. 이 복음의 말씀은 인류에게 주시는 주님의 깊은 사랑의 입맞춤이며, 잠자는 영혼들을 깨우는 은혜와 능력으로 역사한다.

10절은 2:16절과 동일하다. 주님과 성도의 관계는 포도나무처럼 서로 연합된 관계로서 성도는 주님 안에 거하며, 주님께서는 성령과 진리로 우리 안에 거하신다.

성도는 가끔 세상의 혼잡한 환경을 피하여 오직 한 분 그리스도와 함께 한적한 곳을 찾기 원한다. 그곳에서 그리스도의 사랑을 다시 확인하며, 그리스도 안에서 자신을 발견하기 위해서다.

여기 '동네'(villages)라는 말이 복수로 표현된 것에 유의하자. 목적지가 한 동네를 가리키는 것이 아니라 여러 곳을 뜻한다. 신랑 예수 그리스도께서 인도하시는 곳이라면 신부인 성도는 어디든지 따라갈 결심이 되었음을 말해준다.

"이 사람들은 여자와 더불어 더럽히지 아니하고 순결한 자라 어린 양이 어디로 인도하든지 따라가는 자며 사람 가운데에서 속량함을 받아 처음 익은 열매로 하나님과 어린 양에게 속한 자들이니"(요한계시록 14:4)

포도원으로 가자

7:12 "우리가 일찍이 일어나서 포도원으로 가서 포도 움이 돋았는지, 꽃술이 퍼졌는지, 석류꽃이 피었는지 보자 거기서 내가 나의 사랑을 네게 주리라"(술람미)

12 Let us go early to the vineyards to see if the vines have budded, if their blossoms have opened, and if the pomegranates are in bloom – there I will give you my love.

포도나 석류 열매는 모두 사랑의 열매들로 상징된다. 포도나무, 석류나무를 가꾸는 여인의 마음은 사랑하는 자를 기쁘게 할 마음으로 가득 차 있다. 술람미 여인은 자신의 포도원으로 사랑하는 이를 초대한다.

여기 포도원은 교회에 비유할 수 있고, 또한 성도들 한 영혼 한 영혼을 비유할 수도 있다. 믿음의 성숙함은 주님과의 교제를 더욱 깊이 있게 한다. 주님은 우리에게 어린 아이의 신앙이 아니라 그리스도의 장성한 분량에 이르기를 원하신다. 여기서는 신부가 훨씬

능동적이며 적극적으로 자신의 포도원으로 신랑을 초청한다.

성숙한 목회자는 주님의 포도원을 돌보듯이 교회를 돌보며, 성숙한 성도들은 어린 신자들을 주님의 사랑으로 돌보는 자들이다. 그 모든 것이 오직 그리스도의 은혜로 만 가능하며, 주님을 기쁘시게 하는 일이다.

사도 바울은 이렇게 고백한다. "나는 심었고 아볼로는 물을 주었으되 오직 하나님은 자라나게 하셨나니 그런즉 심는 이나 물 주는 이는 아무 것도 아니로되 오직 자라나게 하시는 하나님 한 뿐이니라"(고린도전서 3:6,7).

"주께서 이르시되 지혜 있고 진실한 청지기가 되어 주인에게 그 집 종들을 맡아 때를 따라 양식을 나누어 줄 자가 누구냐 주인이 이를 때에 그 종이 그렇게 하는 것을 보면 그 종은 복이 있으리로다"(누가복음 12:42,43)

향품을 준비한 신부

7:13 "합환채가 향기를 뿜어내고 우리의 문 앞에는 여러 가지 귀한 열매가 새 것, 묵은 것으로 마련되었구나 내가 내 사랑하는 자 너를 위하여 쌓아 둔 것이로 다"(술람미)

13 The mandrakes send out their fragrance, and at our door is every delicacy, both new and old, that I have stored up for you, my beloved.

'합환채(mandrakes)'는 '사랑'이란 뜻을 가진 자색 꽃을 피우는 식물이라고 한다. 그 열매는 진홍색인데 약간의 마취성이 있는 향기를 낸다고 한다. 창세기 30:14-16에, 라헬이 그 언니 레아에게 이 꽃을 받고 그 언니에게 야곱을 하룻밤 넘겨 준 일이 있다. 이 열매를 사랑하는 사람에게 주면 애정이 그에게 통한다고 생각하여 사랑과 잉태의 심볼이기도 하다.[12]

12 석원태 아가서 강해(경향문화사) pp. 264,265

'합환채가 향기를 토한다'함은 사랑하는 자를 사모하는 마음을 나타내며, 우리 성도들은 말씀과 기도로, 찬양과 헌신으로 우리의 마음을 주님께 고백하는 것이다.

그 뿐 아니라 주님께서 기뻐하실 여러 가지 귀한 열매들, 즉 성령의 여러 가지 열매로 주님을 영화롭게 한다. 그 열매는 우리의 힘으로 만들어 내는 것이 아니라, 주님으로부터 먼저 받은 새 생명의 은혜로 인해 우리의 인격과 삶과 사역 속에서 꽃 피우고 열매 맺는 것들이다.

"너희가 열매를 많이 맺으면 내 아버지께서 영광을 받으실 것이요 너희는 내 제자가 되리라. 아버지께서 나를 사랑하신 것 같이 나도 너희를 사랑하였으니 나의 사랑 안에 거하라"(요한복음 15:8,9)

행복한 날

어두운 숲 속 새들이
그리워,
그리워 잠드는 하늘
새 하늘.

먼지 덮인 길가
들풀들이
꿈꾸는 땅
새 땅.

거기서 오시는 이
고대하는 처녀들
혼인하는 날은
행복한 날

최혜숙 시집 《뽈라성 사람들》 중에서

1 내 어머니의 젖을 먹은 오라비 같았더라면 내가 밖에서 너를 만날 때에 입을 맞추어도 나를 업신여길 자가 없었을 것이라.

2 내가 너를 이끌어 내 어머니 집에 들이고 네게서 교훈을 받았으리라. 나는 향기로운 술 곧 석류즙으로 네게 마시게 하겠고

3 왼팔로는 내 머리를 고이고 오른 손으로는 나를 안았으리라.

4 예루살렘의 딸들아 내가 너희에게 부탁한다. 내 사랑하는 자가 원하기 전에는 흔들지 말며 깨우지 말지니라.

5 그의 사랑하는 자를 의지하고 거친 들에서 올라오는 여자가 누구인가 너로 말미암아 네 어머니가 고생한 곳 너를 낳은 자가 애쓴 그 곳 사과나무 아래에서 내가 너를 깨웠노라.

6 너는 나를 도장 같이 마음에 품고 도장 같이 팔에 두라. 사랑은 죽음 같이 강하고 질투는 스올 같이 잔인하며 불길같이 일어나니 그 기세가 여호와의 불과 같으니라.

7 많은 물도 이 사랑을 끄지 못하겠고 홍수라도 삼키지 못하나니 사람이 그의 온 가산을 다 주고 사랑과 바꾸려 할지라도 오히려 멸시를 받으리라.

8 우리에게 있는 작은 누이는 아직도 유방이 없구나 그가 청혼을 받는 날에는 우리가 그를 위하여 무엇을 할까?

9 그가 성벽이라면 우리는 은 망대를 그 위에 세울 것이요 그가 문이라면 우리는 백향목 판자로 두르리라.

10 나는 성벽이요 내 유방은 망대 같으니 그러므로 나는 그가 보기에 화평을 얻은 자 같구나.

11 솔로몬이 바알하몬에 포도원이 있어 지키는 자들에게 맡겨 두고 그들로 각기 그 열매로 말미암아 은 천을 바치게 하였구나.

12 솔로몬 너는 천을 얻겠고 열매를 지키는 자도 이백을 얻으려니와 내게 속한 내 포도원은 내 앞에 있구나.

13 너 동산에 거주하는 자야 친구들이 네 소리에 귀를 기울이니 내가 듣게 하려무나.

14 내 사랑하는 자야 너는 빨리 달리라 향기로운 산 위에 있는 노루와도 같고 어린 사슴과도 같아라.

왕의 사랑을 받은 자

술람미 여인은 한 미천한 시골 처녀로 엄위로운 왕 솔로몬을 사랑했다. 그 분이 자신의 신분과 같은 오라비였다면 심리적인 거리감을 갖지 않아도 되었을 것이고, 이웃의 비웃음을 사지도 않았을 것이다. 술람미 여인은 언제나, 어디서나 자신의 사랑을 표현하고 싶을 정도로 사랑하는 자와 함께 하기를 마음 깊이 사모하고 있다.

구약시대 신자들은 하나님의 이름조차 부르지 못할 정도로 감히 가까이 할 수 없는 존재로 여겼다. 그러나 아가서를 통해 예표(豫表)

되었듯이 그리스도께서 우리와 같은 모양, 우리와 같은 성정으로 성육신 하신 것이다. 구약 신자들에게는 감히 생각할 수도 없는 일이지만 우리에게는 너무나 놀라운 사실이 되었다.

주님께서는 우리와 연인처럼, 친구처럼 되시기 위해 본래의 영광을 다 버리고 이 땅에 오셨다. 그리고 우리에게 "형제라 부르시기를 부끄러워하지 않으신다"고 하셨다. 그러므로 세상 사람들이 우리 그리스도인들의 신분에 대해 이해하지 못하고 조롱하고 핍박한다고 하여 마음 상할 필요가 없다.

"거룩하게 하시는 이와 거룩하게 함을 입은 자들이 다 한 근원에서 난지라 그러므로 형제라 부르시기를 부끄러워하지 아니하시고"(히브리서 2:11)

왕의 사랑을 사모함

8:2 "내가 너를 이끌어 내 어머니 집에 들이고 네게서 교훈을 받았으리라 나는 향기로운 술 곧 석류 즙으로 네게 마시게 하겠고"(술람미)

I would lead you and bring you to my mother's house-she who has taught me. I would give you spiced wine to drink, the nectar of my pomegranates.

그리스도와 신자와의 관계는 신인 관계이다. 그러니만큼 그리스도에게 대한 신자의 태도는 경배드림이 마땅하다. 그런데 그리스도의 성육신(Incarnation)으로 인하여 영원은 시간이 되었고, 로고스는 육신이 되셔서 그리스도와 신자는 형제가 될 수 있었다(로마서 8:29, 히브리서 2:11). 그리스도와 더불어 친근한 교제가 가능하도록 그리스도께서 자기 자신을 우리 죄인들에게 제공하신 것이다.

'내 어미 집'은 여자가 결혼을 준비하는 장소이다. 참된 교회, 즉 '위에 있는 예루살렘'이다(갈라디아서 4:26). 신자들은 그리스도의 영이신 성령을 통해 이 진리를 깨닫게 된다. "살리는 것은 영이니 육은 무익하니라 내가 너희에게 이르는 말은 영이요 생명이라"(요한복음 6:63).

석류 즙은 '사랑의 음료'이다. '석류 즙으로 네게 마시었겠고'라는 뜻은 성도가 은혜로 받은 기쁨과 감사와 사랑의 마음을 주님께 올려 드림을 의미한다. 성도가 마음을 열어 말씀을 믿고 순종하므로 그리스도를 영화롭게 하며 기쁘시게 할 수 있음을 표현한다. 그리스도인들은 이러한 주님의 사랑과 은혜를 결코 빼앗기고 싶어하지 않는다.

"지금은 너희가 근심하나 내가 다시 너희를 보리니 너희 마음이 기쁠 것이요 너희 기쁨을 빼앗을 자가 없으리라"(요한복음 16:22)

신부의 행복과 기쁨

8:3,4 "너는 왼팔로는 내 머리를 고이고 오른 손으로는 나를 안았으리라. 예루살렘 딸들아 내가 너희에게 부탁한다 내 사랑하는 자가 원하기 전에는 흔들지 말며 깨우지 말지니라"(술람미)

3 His left arm is under my head and his right arm embraces me. 4 Daughters of Jerusalem, I charge you: Do not arouse or awaken love until it so desires.

이 구절은 2:6,7의 반복되는 후렴구다. 신랑과 신부로 비유된 그리스도와 성도가 가장 큰 영적인 행복과 기쁨을 함께 누리는 시간을 비유한다. 성도가 세상에 살면서 환경적으로, 심리적으로, 혹은 인위적인 어떤 이유로 주님과의 깊은 교제의 시간을 방해 받고, 잃어버릴 수 있다.

주님은 결코 이유 없이 성도를 고난 속으로 몰아넣지 않으신다. 오히려 고난 가운데서 더 가까이 함께 하신다. 주님의 사랑에서 아무도 우리를 빼앗을 자도 없고, 그것을 허락하지도 않으신다.

그러므로 우리가 주님과의 깊은 교제의 기쁨을 잃어버린다면 그 요인이 어디에 있었는지, 무엇이 그리스도와의 기쁨과 행복의 시간을 흔들고 있는지 우리 자신을 돌이켜볼 필요가 있다. 그리고 멀어진 주님과의 사랑을 반드시 회복해야 한다. 신앙은 과거형이 아니라 항상 현재진행형이어야 한다.

"내가 그들에게 영생을 주노니 영원히 멸망하지 아니할 것이요 또 그들을 내 손에서 빼앗을 자가 없느니라. 그들을 주신 내 아버지는 만물보다 크시매 아무도 아버지의 손에서 빼앗을 수 없느니라"(요한복음 10:28,29)

"내가 속히 오리니 네가 가진 것을 굳게 잡아 아무도 네 면류관을 빼앗지 못하게 하라"(요한계시록 3:11)

거친 들에서 올라오는 여인

8:5 "그의 사랑하는 자를 의지하고 거친 들에서 올라오는 여자는 누구인가? 너
로 말미암아 네 어머니가 고생한 곳 너를 낳은 자가 애쓴 그 곳 사과나무 아래에
서 내가 너를 깨웠노라"(친구들)

5 Who is this coming up from the wilderness leaning on her beloved?
Under the apple tree I roused you; there your mother conceived you, there
she who was in labor gave you birth.

이 질문이 누구의 질문인가는 그리 중요하지 않다. 그 다음을 설
명하기 위해 질문 형식으로 먼저 던지는 말이다. '이 여자'는 술람
미로 이해하자. 그는 사랑하는 자, 곧 솔로몬 왕을 의지하고 가난하
고 천박한 시골에서 왕의 인도하심을 따라 올라오는 여인이다. 거
친 세상, 슬픔과 죄악과 고난이 많은 세상 가운데서 그리스도의 손
을 잡고 나오는 성도의 모습이라 하겠다.

'너를 인하여 네 어머니가 고생한 곳, 너를 낳은 자가 애쓴 곳'은

어디인가? '네 어머니, 너를 낳은 자는 누구인가? 갈라디아서 4:26
에, "오직 위에 있는 예루살렘은 자유자니 곧 우리 어머니"라고 했
다. '약속의 자녀' 이삭을 낳은 사라를 비유하고 있다. 4:29절에는
그는 육체를 따라 난 자가 아니라 '성령을 따라 난 자'라고 설명한
다.

　신실한 교회(성도)는 새 신자들을 잉태하고 낳는 역할을 한다. 그
러나 그 주체는 성령이시다. 성령께서 복음을 들을 때 우리를 깨우
시고 우리를 거듭나게 하신다. 거듭난 자만이 마지막 날 부활의 은
혜에 참여하게 될 것이며 어린양의 신부로서 주님의 영접을 받게
될 것이다.

"우리가 즐거워하고 크게 기뻐하며 그에게 영광을 돌리세. 어린 양의 혼인
기약이 이르렀고 그의 아내가 자신을 준비하였으므로 그에게 빛나고 깨끗
한 세마포 옷을 입도록 허락하셨으니 이 세마포 옷은 성도들의 옳은 행실이
로다"(요한계시록 19:7,8)

사랑은 죽음같이 강하고

8:6 "너는 나를 도장 같이 마음에 품고 도장 같이 팔에 두라 사랑은 죽음 같이 강하고 질투는 스올 같이 잔인하며 불길 같이 일어나니 그 기세가 여호와의 불과 같으니라"(술람미)

6 Place me like a seal over your heart, like a seal on your arm; for love is as strong as death, its jealousy unyielding as the grave. It burns like blazing fire like a mighty flame.

이 말씀은 술람미 여인의 간절한 소원을 표현한다. 인(印)이나 도장은 당시 이스라엘 사회에서 귀중품으로 간주되었다. 그 소유자는 그것을 가슴에 품어 보관하거나 오른 손에 묶어 건사하기도 했다(예레미야 22:24). 이는 교회(성도)가 그리스도를 향하여 가장 깊은 사랑을 요구하는 고백이다. 인장이 그것을 소유한 사람의 정체성 (Identity)을 상징하는 것처럼 자신이 그 사랑하는 자의 소유가 되기를 원하는 것이다. 신약 성도들에게는 아예 그들의 심령에 성령의 인을 쳐 주셨다(고린도 후서 1:22).

그리스도께서는 그의 택한 백성들을 위해 대속의 죽음을 죽으시기까지 진실로 사랑하셨다. "사람이 친구를 위하여 자기 목숨을 버리면 이보다 더 큰 사랑이 없나니 너희는 내가 명하는 대로 행하면 곧 나의 친구라"(요한복음 15:13,14). 그리스도의 사랑이 그러했듯이 우리도 그 분을 그렇게 사랑해야 한다.

질투는 스올 같이 잔인하고 여호와의 불길 같다고 한다. 여기 '질투'란 말은 '뜨거운 사랑'으로 이해해야 한다. 뜨거운 사랑은 마치 음부의 불같이 그 대상을 붙잡고 놓지 않으며 결코 막을 수 없고 꺼뜨릴 수 없음을 가리킨다.[13]

구약에서는 수없이 '하나님을 질투하시는 하나님으로 표현하고 있다(출애굽기 20:5). 마땅히 하나님께 돌려드려야 할 영광을 이방신에게 돌린다면 하나님은 질투하신다. 그 경배와 사랑을 가로채는 모든 것에 질투를 느끼신다. 그리스도의 사랑이 이처럼 강하고 영원하다면 그에 대한 성도의 사랑도 그와 같아야 할 것이다.

"누가 우리를 그리스도의 사랑에서 끊으리요 환난이나 곤고나 박해나 기근이나 적신이나 위험이나 칼이랴"(로마서 8:35)

---

13 박윤선 아가서 주석(영음사) p. 197,198

값없이 주시는 사랑

8:7 "많은 물도 이 사랑을 끄지 못하겠고 홍수라도 삼키지 못하나니 사람이 그의 온 가산을 다 주고 사랑과 바꾸려 할지라도 오히려 멸시를 받으리라"(술람미)

7 Many waters cannot quench love; rivers cannot sweep it away. If one were to give all the wealth of one's house for love, it would be utterly scorned.

'많은 물'도, 홍수로 범람하는 강들도 하나님의 사랑의 불을 끌 수 없다. 하나님의 사랑을 막을 수 있는 것이 이 세상에 아무 것도 없다.

연약한 신자는 자신에게 홍수와 같은 환난이 엄습할 때 주님의 손을 놓치고 믿음이 약해질 때가 있다. 그러나 주님의 사랑은 어떤 환난 가운데서도 성도들을 놓지 않으시고 오히려 더 강하게 붙잡아 주신다.

그러한 사랑을 경험한 사람은 바울의 고백처럼 "사망이나 생명이나 천사들이나 권세자들이나 현재 일이나 장래 일이나 능력이나 높음이나 깊음이나 다른 아무 피조물이라도 우리를 우리 주 그리스도 예수 안에 있는 하나님의 사랑에서 끊을 수 없으리라"(로마서 8:38-39)고 선언할 수 있다.

예수께서는 부자 청년에게 "네가 온전하고자 할진대 가서 네 소유를 팔아 가난한 자들에게 주라 그리하면 하늘에서 보화가 네게 있으리라 그리고 와서 나를 따르라" 하셨다. 땅의 소유와 하늘의 보화를 바꾸자고 하셨을 때 청년은 근심하며 돌아갔다. 주님의 사랑은 나의 모든 소유로 바꾼다 한들 자랑이 아니라 오히려 멸시를 받을 일이다. 주님의 사랑은 '값없이 받는 사랑'이다. 세상의 어떤 값으로도 치를 수 없는 사랑이다.

"네가 물 가운데로 지날 때에 내가 함께 할 것이다. 강을 건널 때에 물이 너를 침몰치 못할 것이며 네가 불 가운데로 행할 때에 타지도 아니할 것이요 불꽃이 너를 사르지도 못하리니"(이사야 43:2)

우리에게 있는 작은 누이

8:8,9 "우리에게 있는 작은 누이는 아직도 유방이 없구나 그가 청혼을 받는 날에는 우리가 그를 위하여 무엇을 할까 그가 성벽이라면 우리는 은 망대를 그 위에 세울 것이요 그가 문이라면 우리는 백향목 판자로 두르리라"(술람미 오빠들)

8 We have a little sister, and her breasts are not yet grown. What shall we do for our sister on the day she is spoken for? 9 If she is a wall, we will build towers of silver on her. If she is a door, we will enclose her with panels of cedar.

'작은 누이'가 누구인가에 대해서는 견해들이 다르지만, 우리 주변에 아직 신앙이 어린 신자들을 비추어볼 수 있겠다. 어떤 학자들은 술람미 여인의 어렸을 때에 그의 오라비들이 한 말로 해석한다.[14]

---

14 박윤선 주석(영음사) pp. 198,199

비록 미성숙한 어린 여동생이었지만, 훗날 청혼을 받을 나이가
될 때를 위해 오빠들은 술람미에게 애정을 쏟았다. '그가 성벽이라
면 은망대를 세우겠다'는 말은 7장 4절에 술람미 여인의 목을 '상
아 망대' '다메섹을 향한 레바논 망대'로 표현한 것 같이 적군을 잘
감시하며 방어할 수 있는 병사처럼 그녀가 절개와 순결을 지킬 수
있도록 돕겠다는 의미이다.

'그가 문이라면 우리는 백향목 판자로 두르리라'의 문은 사람들
이 드나들 수 있는 곳이지만 아무에게나 열어줄 수는 없다. 술람미
의 오라비들은 술람미가 아무에게나 문을 열어주지 못하도록 튼튼
한 백향목 판자로 두르겠다고 하는 것 역시 누이가 순결한 신부가
될 수 있도록 지켜주겠다는 의미라 하겠다.

주님은 성도가 신앙의 순결을 지키며 진리를 파수할 것을 원하
시며, 또한 그리할 수 있도록 어린 신자들을 도와주실 것을 은유적
으로 표현하고 있다고 본다.

"믿음이 강한 우리는 마땅히 믿음이 약한 자의 약점을 담당하고 자기를 기쁘
게 하지 아니할 것이라. 우리 각 사람이 이웃을 기쁘게 하되 선을 이루고 덕을
세우도록 할지니라"(로마서 15:1,2)

성숙한 술람미 여인

8:10 "나는 성벽이요 내 유방은 망대 같으니 그러므로 나는 그가 보기에 화평을 얻은 자 같구나"(술람미)

I am a wall, and my breasts are like towers. Thus I have become in his eyes like one bringing contentment.

성숙한 술람미 여인으로 비유된 교회(성도)는 하나님의 진리를 파수하는 성벽과 같아야 한다. 그들은 성숙하여 마치 수유하는 자와 같아서 말씀으로 충만하기 때문에 어린 성도들을 풍성하게 먹일 수 있다. 말씀을 먹지 않는 신자들은 결코 성장을 기대할 수 없다.

"갓난 아기들 같이 순전하고 신령한 젖을 사모하라 이는 그로 말미암아 너희로 구원에 이르도록 자라게 하려 함이라"(베드로전서 2:2).

성도들이 말씀을 풍성하게 먹을 때 분별력을 가지게 되며, 적군을 잘 분별하여 자신의 믿음을 파수할 수 있고 교회를 지킬 수 있다. 그러할 때 성안에는(성도들의 심령, 교회는) 안전하고 평화로며, 사랑과 화평이 넘치게 될 것이다.

사도들은 교회들을 돌볼 때 교회에 많은 문제들이 있음에도 불구하고 유모처럼 사랑과 인내심으로 돌보았다. 요한은 밧모섬에 유배되어 있을 동안에도 교회를 위해 기도하며, 주님으로 받은 귀한 예언의 메시지를 남겨주었다.

"우리는 그리스도의 사도로서 마땅히 권위를 주장할 수 있으나 도리어 너희 가운데서 유순한 자가 되어 유모가 자기 자녀를 기름과 같이 하였으니"(데살로니가전서 2:7)

솔로몬의 포도원

8:11-12 "솔로몬이 바알하몬에 포도원이 있어 지키는 자들에게 맡겨 두고 그들로 각기 그 열매로 말미암아 은 천을 바치게 하였구나. 솔로몬 너는 일천을 얻겠고 열매를 지키는 자도 이백을 얻으려니와 내게 속한 내 포도원은 내 앞에 있구나"(술람미)

11 Solomon had a vineyard in Baal Harmon; he let out his vineyard to tenants. Each was to bring for its fruit a thousand shekels of silver.
12 But my own vineyard is mine to give; the thousand shekels are for you, Solomon, and two hundred are for those who tend its fruit.

솔로몬 왕의 포도원이 바알하몬이란 곳에 있었던 것 같다. 왕은 그 포도원을 소작농들에게 맡기고 은 일천 세겔을 받았다. 또한 소작인들에게도 이백을 주었다. 아마도 그 소작인들은 술람미의 오라비들이었던 것 같다.

'내게 속한 내 포도원은 내 앞에 있구나' 위의 문장과 어떻게 연결할지, 어떤 의미인지는 해석하기 어렵다. 솔로몬 왕의 포도원 일부에, 혹은 인근에 술람미 여인이 경작하던 작은 포도원이 있었다고 본다(1:6). 이제 솔로몬 왕의 왕후가 된 술람미는 예전에 그곳에 있던 자신의 포도원을 추억하고 있는 것 같다.

이 구절이 주는 영적인 의미를 생각해본다. 우리 성도들은 누구나 포도원에 부름 받은 종들이며, 또한 주님께서 맡긴 달란트를 가지고 장사하는 사람들과 같다. 우리는 언젠가는 주님 앞에서 평가를 받고 상급을 받을 것을 기대하는 주의 청지기들이다. 내게 속한 포도원을 위해 최선을 다해 농사하며, 나에게 맡기신 달란트로 이문을 남겨 주님을 기쁘시게 해야 할 사명이 있다(마태복음 25:14-30).

"그 주인이 이르되 잘하였도다 착하고 충성된 종아 네가 적은 일에 충성하였으매 내가 많은 것을 네게 맡기리니 네 주인의 즐거움에 참여할지어다"(마태복음 25:21)

산을 달려오는 노루와 사슴같이

8:13,14 "너 동산에 거주하는 자야 친구들이 네 소리에 귀를 기울이니 내가 듣게 하려무나. 내 사랑하는 자야 너는 빨리 달리라 향기로운 산 위에 있는 노루와도 같고 어린 사슴과도 같아라"(솔로몬/술람미)

13 You who dwell in the gardens with friends in attendance, let me hear your voice! 14 Come away, my beloved, and be like a gazelle or like a young stag on the spice-laden mountains.

13절과 14절은 솔로몬과 술람미의 각각 마지막 한 마디로 아가서를 마무리한다. 이것은 그들의 가장 큰 마음의 바람(desire)을 함축적으로 표현하는 대화라 하겠다.

13절을 의역한다면 이렇다. "너를 수행하는 친구들과 함께 동산에 거하는 너 술람미 여인아, 나로 하여금 너의 목소리를 듣게 해다오."

솔로몬이 진심으로 원하는 것은 술람미 여인의 사랑스러운 음성이다. 세상의 친구들과의 친교와 대화를 잠시 멈추고 왕을 향해 온전한 마음을 드리는 그의 사랑 고백을 듣고 싶어 할 것이며, 사랑하는 자를 간절히 기다리는 마음을 듣고 싶어할 것이다.

14절은 솔로몬을 기다리는 술람미 여인의 마음이 담겨있다. 다시 의역하면, "나의 사랑하는 분이여, 빨리 달려오세요. 향기로운 산을 달리는 노루처럼, 사슴처럼 빨리 달려와 주세요."

이 고백은 예수 그리스도의 재림을 기다리는 신부인 그리스도인의 마음과 같다. 요한계시록 마지막에도 사도 요한은 그렇게 기도하고 있다. "이것들은 증언하신 이가 이르시되 내가 진실로 속히 오리라 하시거늘 아멘 주 예수여 오시옵소서"(요한계시록 22:20).

사도 요한은 당시 로마정부의 기독교 박해로 인해 밧모섬에 유배 중이었고, 많은 그리스도인들이 예수 그리스도에 대한 사랑 때문에 감옥에 가고, 순교 당하고, 바위굴 속에 숨고, 박해를 피해 다른 나라로 흩어져야 했다. 그들에게 있어서 예수께서 다시 오신다는 약속처럼 절실한 바람은 없었을 것이다.

신랑이 빨리 달려와 주기를 기다리는 술람미 여인처럼, 혼인잔치를 준비하는 지혜로운 다섯 처녀들처럼, 박해와 죽음 앞에서 끝까지 주님 약속을 믿은 초대교회 성도들처럼, 그리스도의 신부들은 어떠한 상황 속에서도 이 믿음과 사랑과 소망을 간직하며 오늘을 사는 사람들이라 믿는다.

마침글

하나님의 말씀은 마시고 또 마셔도 끝없이 새로 솟아나는 샘물 같다. 아가서는 더욱 그러하다. 청년 시절에 받은 감동과 중년의 나이에 받은 감동이 다르고, 지금 고희를 지난 나이에 받는 감동은 더욱더 새롭다. 영적인 나이는 주님의 사랑과 은혜 안에서 성장과 성숙은 있지만, 결코 쇠하거나 늙지 않음을 아가서를 통해 배운다.

나는 내 나이 절반을 선교를 위해 보냈다. 서울올림픽이 열리던 1988년 전후로 남편과 함께 소련선교회를 통해 러시아성경책을 전달하던 일을 시작으로 하여 소비에트연방에 속한 여러 나라에 선교사들을 파송, 지원하는 일들을 했다.

그 후 국제선교단체인 WEC(Worldwide Evangelization for Christ) 한국본부 설립에 동참하였고, 50 중반의 나이에 남편 최철희 선교사와 함께 선교사로 헌신, 중앙아시아 키르기즈스탄에서 사역했다. WEC한국본부의 부르심을 따라 우리 부부는 다시 귀국하여 본부 대표로 사역하였다.

그 후 하나님께서는 시니어선교한국으로 우리 부부를 보내셔서

한국 교회의 시니어들을 선교사로 동원, 훈련, 파송하는 일을 감당하게 하시고 남편 최철희 선교사는 현재 대표로 섬기고 있다.

그 동안 나는 많은 술람미들을 만났다. 예수님을 사랑하고 하나님의 나라를 사랑하여 자신의 안일한 삶을 포기하고 선교사로 자원하여 세계 곳곳으로 나가는 많은 술람미들을 만났다. 또한 후방에서 선교사라는 이름표도 달지 못하고 선교사들의 사역을 돕는 일에 자신의 삶을 드리는 많은 술람미들을 만났다. 또한 이름 없이 빛도 없이 중보기도하며, 자신의 재물을 아끼지 않고 하나님의 나라와 복음을 위해 쏟아 드리는 많은 술람미들을 만났다. 모두 주님의 십자가 은혜에 대한 감사와 사랑에서 비롯된 아름다운 헌신이었다.

이 귀한 술람미들과 함께 한없이 부족하고 작은 이 책자를 통해 그리스도의 사랑을 나누며, 우리 각자에게 부여하신 남은 사명을 끝까지 다짐하고 싶다. 그리고 훗날 사랑하는 우리 손주들 희원, 은석, 송현이를 위해 사랑의 자취를 남기고 싶다.

2022. 1
저자 최혜숙

Arise, my darling,
my beautiful one, come with me

שִׁיר הַשִּׁירִים

아가서 묵상

나의 사랑, 나의 어여쁜 자야
일어나 함께 가자

초판 인쇄 2022년 1월 17일
초판 발행 2022년 1월 20일

지 은 이 최혜숙
펴 낸 곳 코람데오
등   록 제300-2009-169호
주   소 서울시 종로구 세종대로 23길 54, 1006호
전   화 02)2264-3650, 010-5415-3650
          FAX. 02)2264-3652
E-mail   soho3650@naver.com

ISBN 979-11-92191-02-7

값 12,000원

※ 잘못된 책은 바꾸어 드립니다.